認知症をもっと知ってレクとケアに生かそう!

世界文化社

認知症をもっと知って レクとケアに生かそう!

CONTENTS

認知症をもっと知って「レク」に生かそう ①

できることを選んで
認知症の人と楽しむ制作 ……3

認知症の人は制作時にこんな"不安"を抱えています ……4

できることを選んで楽しむ 壁面制作
- 春 いちご摘み ……6
- 夏 海中散歩 ……8
- 秋 ぶどう狩り ……10
- 冬 雪だるま作り ……12

できることを選んで楽しむ壁面制作の進め方 ……14

できることを選んで楽しむ 個人制作
花かごの壁飾り ……16

できることを選んで楽しむ個人制作の進め方 ……18

認知症をもっと知って「レク」に生かそう ②

わかりやすいルールで / 達成感を得られる
認知症の人が安心して参加できる ゲームレク

認知症の人は、ゲーム中にこんな"不安"を感じています ……20
- ① テーブルバレー ……22
- ② タオル玉おはじき ……24
- ③ 卵パック詰め競争 ……26
- ④ 体温ずもう ……28
- ⑤ 鬼退治ゲーム ……30
- ⑥ 青玉に近づけろ ……32
- ⑦ 風船を追い出せ ……34
- ⑧ 透視ゲーム ……36
- ⑨ 春の七草を集めよう ……38

認知症をもっと知って「ケア」に生かそう ①

介護職が知っておきたい基礎知識
「認知症」とは？ ……40

- Part1 認知症には原因となる疾患がある ……42
- Part2 認知症の症状にはどんなものがあるか？ ……44
- Part3 どうしたら認知症の症状を改善できる？ ……50

注目の認知症ケア 「認知症マフ」……56

認知症をもっと知って「ケア」に生かそう ②

「なぜ？」がわかるとケアが変わる
認知症の人の世界を知ろう ……57

認知症をもっと知って「ケア」に生かそう ③

介護現場の
認知症ケアの悩み

川畑先生と一緒に考えます！ ……72

みんなで楽しめる脳トレ ……84

みんなで楽しめる脳トレ 解答 ……93
すぐに作れるコピー用型紙集 ……95

 貼る
 描く
 切る
 折る
 塗る

認知症をもっと知って「レク」に生かそう ①

認知症の人と楽しむ制作

できることを選んで

監修／池村公伯

理学療法士。社会福祉法人 共生会 特別養護老人ホーム 共生の家 勤務。理学療法士の立場から、機能回復・維持につながる多彩なレクリエーションを紹介・実施している。

「認知症の人が制作に参加できない」「利用者が作れないから、結局介護者が作っている」という制作レクの悩みを抱える介護現場は少なくありません。では、どうすれば認知症の人も制作を楽しむことができるのでしょうか。それは、無理なく「できること」を選んで作ること。壁面制作と個人制作を例にその方法を見てみましょう。

個人制作

「作品を個々で完成させる」という考え方を変えて、それぞれできることを担当する「役割分担」で制作してみませんか？ 切るだけ、丸めるだけ、スタンプするだけ……など「できること」で参加してもらい、みんなで作り上げたパーツを貼って仕上げます。

壁面制作

季節のモチーフにぬり絵の子どもを加え、イキイキとした壁面に。人物のぬり絵と、2通りの作り方がある季節のモチーフの中から、利用者に「できること」を選んで参加してもらいましょう。

認知症の人と
・できることを選んで楽しむ制作・

認知症の人は制作時にこんな"不安"を抱えています

認知症の人と制作を楽しむためには、「認知症の人の思い」を知ることが大切です。そのうえで、配慮すべき制作時のポイントを考えてみましょう。

- 何を作っているかわからない
- 説明がわからない
- うまく作れないから恥ずかしい
- 手順がわからない
- 次にすることがわからない
- できないことを知られたくない

不安を和らげ 制作を楽しむ3つのポイント

1 「できること・できないこと」の情報を集める

切るのがお上手ですね！

●日ごろの様子から
利用者の「得意なことは何か」「苦手なことは何か」という視点で日常を見てみましょう。たとえば、はさみの使い方が上手だと感じた時には、「お上手ですね。はさみを使う機会が多いのですか？」と聞いてみることで、利用者の新たな一面に出会えるかもしれません。集めた情報はほかの介護者とも共有して、統一した対応ができるようにします。

●アセスメントシートなどの書類から
アセスメントシートなどの利用者に関する書類や記録も、「どんな作業ができそうか」「得意なことは何か」「何に興味がありそうか」といった視点で見直してみましょう。ADL欄ばかりでなく、生活歴や職歴などにも「できること」のヒントが多く隠れています。

●当日の体調から
認知症の人は日ごとに症状が変化したり、同じ日でも午前と夕方では状態が変わったりします。その時々で心身の状態を見極めて、「できること・できないこと」を把握しましょう。

2 できない作業や参加を 無理じいしない

誘っても気の進まない人に、「がんばって作りましょう」などと無理じいするのは禁物です。見学してもらったり、ぬり絵や脳トレプリントなど、制作以外で興味を持てるレクをしてもらってかまいません。同じ空間にいることを「参加」と考えましょう。制作レクの楽しい雰囲気が伝わって、「少しやってみようかな」と気持ちが変化することもあります。

あとからでも気が向いたら、魚作りに加わってくださいね

言葉かけ例
- 皆さんが作るところを見ていてくださいね。
- ○○さんは脳トレがお好きでしたね。今日はパズルをしましょうか。
- いまは魚を作っているところです。一緒にやってみませんか？

3 達成感や自己肯定感を得られる言葉かけを

認知症の人は日ごろ、「○○しないで」「○○しちゃダメ」などのように言動を否定されがちで、自信を失っている人が少なくありません。認められたり、ほめられたりすることは、失われた自信を回復することにつながるため、制作レクでもよいところを見つけて積極的に声をかけましょう。ポイントは、「きれい」「素敵」以外の言葉で具体的にほめること。ほかにはない点を探して、自己肯定感を高める言葉をかけましょう。

言葉かけ例
- にぎやかな色づかいがいいですね。○○さんらしいです。
- ぶどうの貼り方が個性的で、とても目立ちますね。
- 顔を傾けて貼ってあることで、表情が豊かになっていますね。

○ 自己肯定感を高める言葉かけの例

表情が出ていいですね

ほかの人と違うところを見つけてほめましょう。

× 自己肯定感を損なう言葉かけの例

上に貼ってはダメですよ

否定的な言葉は自尊心を傷つけ、意欲を低下させます。

春

\認知症の人と／
できることを選んで楽しむ壁面制作

いちご摘み

画用紙とおりがみで作るいちご。
みずみずしいいちごをたくさん実らせましょう。

● 材料・用具

画用紙（赤系、緑系、白）／おりがみ（赤系、黄系）／丸シール（黄：いちごの花用）／厚紙／クレヨン（白）／のり／色鉛筆

型紙 p.95

3つの作り方から選びましょう

1. 型紙を利用して切る

2. おりがみで折る

3. 型紙をコピーして子どもを塗る

6

の作り方

1 コピー型紙を利用して画用紙（赤系）からいちごの形を切り出す。クレヨン（白）でいちごの種を描く。

2 二つ折りした画用紙（緑系）にヘタの形を写して、切る。

ヘタを貼る。

の作り方

p.95の折り図を参考に、おりがみでいちごを折る。

クレヨン（白）で種を描く

ヘタを貼る

の作り方

型紙をコピーして好みの色で塗る。

2 アルミ箔に油性ペンで色を塗る。ティッシュを貼った面を上にして、アルミ箔で1の魚を包む。上から模様を描いてもよい。

1 コピー型紙を利用し、厚紙に魚の形を写して切り出す。全面にのりを塗り、ティッシュ2枚をふんわりと丸めて貼る。

コピー型紙を利用し、好みの色の画用紙に魚や貝の形を写して切り出す。おりがみをちぎり、うろこや模様に見立てて貼る。

9

認知症の人と
できることを選んで楽しむ壁面制作
ぶどう狩り

秋

切り紙とお花紙で作るぶどう。
大きなぶどうに子どもたちの手が届きそう。

● 材料・用具

画用紙（紫系、緑系、茶系）／おりがみ（紫系、緑系、柄）／お花紙（紫系、赤系、緑系）／麻ひも／厚紙／ペットボトルのふた／ティッシュペーパー／のり／色鉛筆

型紙 p.99

3 型紙をコピーして子どもを塗る

2 お花紙を丸める

1 紙を丸く切って、貼る

3つの作り方から選びましょう

10

1 の作り方

コピー型紙を利用して、画用紙からぶどうの房を、おりがみから粒を切り出す。房に粒を貼る。

2 の作り方

1 1/4に切ったお花紙を、ペットボトルのふたに押し込む。

2 丸めたティッシュ（1枚）を詰めて、ふたから外して丸く整え、のりでとめる。

房に粒を貼る。

冬

| 認知症の人と |
できることを選んで楽しむ壁面制作

雪だるま作り

子どもたちの元気に負けないよう、雪だるまをたくさん並べましょう。帽子やマフラーににぎやかな色柄を使うのがおすすめです。

1 の作り方

裏側も貼るとよい

1 コピー型紙を利用し、画用紙に雪だるまの形を写して切り出す。くしゃくしゃにもんでから広げ、頭と体をセロハンテープでつなぐ。

● 材料・用具

画用紙（白、ほか背景用各色）／キッチンペーパー／おりがみ（単色や柄物各種）／厚紙（牛乳パックでもよい）／ティッシュペーパー／水性ペン／セロハンテープ／のり／色鉛筆

型紙 p.101

3つの作り方から選びましょう

3 型紙をコピーして子どもを塗る

2 紙で包む

1 紙をもむ

12

包んだところ。最後はセロハンテープでとめて表に返す。

2 キッチンペーパーに1を裏返してのせ、包んでとめる。❶の雪だるま同様、頭と体を貼り合わせたら、帽子とマフラーをあしらう。

のりを塗っておく

1 コピー型紙を利用し、厚紙から雪だるまを切り出す。ティッシュを1枚ずつふんわりと丸めて、頭と体にそれぞれ貼る。

のりを塗っておく

頭
体

❷の作り方

のりづけして巻く

2 ペンで顔を描く。コピー型紙を利用して帽子とマフラーをおりがみから切り出し、あしらう。

> p.6〜13

認知症の人と できることを選んで楽しむ 壁面制作の進め方

1 当日のアセスメントをする

p.4を参考にして、利用者の心身の状態を確認します。たとえばうとうとして眠そうな様子だったら、声をかけずに少し時間を置き、目が覚めてから参加してもらうなど、利用者の体調に合わせて対応しましょう。その人がいまどのような状態で、何を望んでいるかを見極めることが大切です。

「いまは眠そうだから、あとで声をかけよう」

言葉かけ例
- ○○さん、これから制作レクをしますが、ご気分はいかがですか？
- 少し見学して、作りたくなったら一緒にやりましょうか。

2 どれを作るかを決める

「○○さんは手先が器用なので、これはどうですか？」

3つの作り方の中からどれを作るか、見本を見ながら利用者と一緒に決めます。自分で選べる人には選んでもらい、選択が難しい人には「○○さんは手先が器用なので、ちぎった紙を貼る魚はどうですか？」など、その人ができることを提案しましょう。

言葉かけ例
- 作るものが3種類ありますが、どれを作りたいですか？
- ぬり絵もありますよ。子どもの絵を塗ってみませんか？

いろいろな見本で安心することも

利用者の中には「見本通りに作れない」ことに不安を感じる人もいます。見映えのいい見本だけでなく、いろいろな見本を用意しましょう。「これならできそう」と安心につながります。

うろこがはみ出した見本

うろこを1枚だけ貼った見本

3 作り方を説明する

介護者が実際に目の前で作って見せます。認知症の人は一度に複数のことを理解するのが難しいため、まず言葉で説明し、次に作り方を実演するようにしましょう。途中で作り方がわからなくなってしまった人には、その都度説明するのが最善です。

「おりがみを小さくちぎって貼ります」
▼
このあと実演

完成見本は見えるところに置く

言葉かけ例
- ちぎった紙を魚に貼りましょう。
- うろこのように貼ってくださいね。
- はみ出してもいいですよ。

工程をさらに細分化する

認知症の人は、「紙をちぎって、魚に貼る」といった2つ以上の工程をこなすのが難しいことがあります。その場合は「ちぎる」と「貼る」に作業を分けてもいいでしょう。

ちぎる 　貼る

4 声をかけながら作る

作っているあいだは、介護者は近くで見守りながら利用者が意欲を持てる言葉をかけましょう。特に認知症の人は「これでいいのかな」と不安を抱えていることが多いので、「大丈夫ですよ」というメッセージを伝えることが大切です。また、難しそうな場合には「お手伝いしましょうか？」と声をかけ、必要に応じてサポートします。

カーブのところがきれいに切れていますね

お手伝いをお願いできますか？

言葉かけ例
- たくさん切ってくださって、ありがとうございます。
- だんだんとできあがってきましたね。

利用者にもサポートをお願いする
制作が得意で早く作り終えた利用者には、ほかの利用者を手伝ってもらいましょう。型紙を用意するなど事前の準備や、当日の講師役をお願いしてもよいでしょう。

5 作品をほめ合う

作品ができあがったら、ほかの利用者と一緒にほめ合う時間を作ります。「○○さんの作品の素敵なところを挙げてください」と声をかけたり、介護者が気づいた点を具体的にほめたりしましょう。できあがった作品を壁面に展示してから、利用者と一緒に鑑賞し、感想を言ってもらう機会を作ってもいいですね。

○○さんの色づかいがきれいですね

貼り方も素敵よ

言葉かけ例
- 魚に迫力があってかっこいいですね。
- 本物の魚のよう！　何の魚をイメージしたのですか？
- 展示すると水族館に来た気分になれますね。作ってみて、いかがでしたか？

理学療法士としてレクに携わる池村先生に聞きました！

認知症の人との制作を、楽しいものにするために

　制作の時間には、作品を完成させることよりも大切なことがあります。それは、利用者と介護者、あるいは利用者同士がコミュニケーションをとり、楽しい時間を共有すること。これが制作の一番の目的だと考えています。
　利用者のできること・できないことが異なる中で、全員で同じ制作に取り組むのは難しいという声をよく聞きます。ですが、コミュニケーションが目的と考えれば、その場で別のレクをしている人がいても、あるいは見学だけの人がいても、同じ空間で穏やかに過ごせているのであれば、活動は成功していると思います。
　そのためには、活動を無理じいしたり、過剰にサポートをしたりしないこと。見本と同じ作品が作れなくても、その違いこそが制作の醍醐味です。「よい作品を作らなくては」「全員が足並みをそろえなければ」という考えを変えることで、利用者も介護者も、もっと制作の時間を楽しめるようになるでしょう。

\認知症の人と/

● できることを選んで楽しむ個人制作 ●

花かごの壁飾り

作ったものを家族に見せたり、部屋に飾ったりできる個人制作。
しかし利用者ごとにできることの個人差があるため、
みんなで同じように作るのが難しいことも少なくありません。
「花かごの壁飾り」を例に、どのようにすれば認知症の人と
一緒に制作を楽しめるかを考えてみましょう。

基本の手順

まずは「花かごの壁飾り」の基本の手順を見ていきましょう。

型紙 p.103

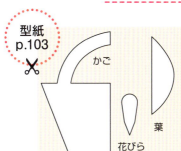

●コピー型紙を利用し、厚紙からかご、花びら、葉の型をそれぞれ切り出す。

●スチロールトレーにしめらせたキッチンペーパーを置き、絵の具（黄系）を出しておく。

準備

● 材料
画用紙（茶系）／おりがみ（赤系、オレンジ系、青系、緑系）／お花紙（各色）／絵の具（黄系）／厚紙

● 用具
のり／はさみ／スチロールトレー／キッチンペーパー／プラスチックフォーク／新聞紙／鉛筆

花を作る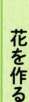

2 型を利用して、1に花びらを写して切り出し、広げる。別色のおりがみでも同様に作る。1輪につき2枚作る。

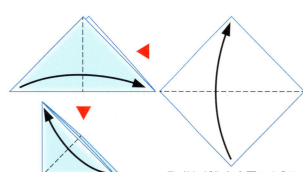

1 おりがみを上図のように半分（三角）に3回折る。

かごを作る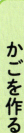

4 スチロールトレーの絵の具にフォークの背を当て、絵の具をつける。スタンプのように3に押し付けて模様を描く。

3 型を利用して、二つ折りした画用紙（茶系）にかごを写して切り出す。

花心を作る ／ 葉を作る

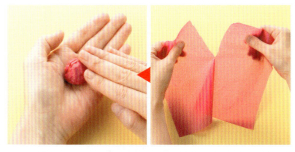

6 お花紙を半分に裂き、手のひらで丸め、花心を作る。

5 型を利用して、半分（三角）に折ったおりがみ（緑系）に葉を写して切り出す。1作品につき7枚程度作る。

仕上げる

8 かごに花と葉をのりで貼って、仕上げる。

7 2で作った2枚の花をずらして真ん中をのりで貼り、花心も貼る。

p.16〜17

認知症の人と できることを選んで楽しむ 個人制作の進め方

1 情報を集めて**アセスメント**する

今日の○○さんは調子がよさそう。制作の時に折る役割をお願いしてみよう

制作を始める前に、まずはアセスメントで「できること」「できないこと」を見極めます。認知症の人はできることの個人差が大きく、その日の体調や時間によっても変化します。「できないこと」を無理じいすると認知症のBPSD（行動・心理症状）が現れることがあります。「できること」「楽しめること」を見つけましょう。
（アセスメントの詳しい方法はp.4を参照）

2 **役割分担**を決める

アセスメントにより「できること」が明確になったら、役割分担を決めます。まずは制作の手順を細分化し、「折る」「写す」といった工程に分けます。役割は利用者が自分でやりたいことを決める方法と、利用者ができそうなことから介護者が提案する方法の2つがあります。本人に希望がない場合は介護者から提案するとよいでしょう。

● 花かごの壁飾りの「役割分担」例 ●

写す 型を利用し、形を写す

こんな人に
鉛筆やペンを持って線が描ける人に向いています。片麻痺の人にはテープで型を固定するなどの配慮をしましょう。筆圧が弱い人には太くて握りやすいペンを選びます。

折る 画用紙やおりがみを折る

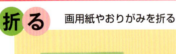

こんな人に
おりがみが得意な人や、手指に力が入る人に向いています。

切る 線に沿ってはさみで切る

こんな人に
視力がしっかりあり、指先に力を入れられる人に向いています。はさみを使う時は必ず介護者が近くで見守ります。

丸める お花紙を丸める

こんな人に
指や手のひらを動かすことができる人に向いています。

○○さん、このおりがみを半分に折っていただけますか？

いいわよ

スタンプ 絵の具を使って模様を押す

こんな人に
絵を描くことが好きな人や指先に力を入れられる人に向いています。

3 役割ごとに作業を進める

同じ役割の利用者の席を近づけたり、役割ごとに同じテーブルに座ったりしながら作ります。お願いした役割がうまくできなかった時は、「また次回やってみましょう」と声をかけたり、別の役割を提案したりします。やっているあいだに調子がよくなることもあるため、利用者の様子を見ながら進めます。

「○○さん、今度はこんなふうにお花紙を丸めていただけますか？」

● 制作を進める時のポイント ●

見本は 役割ごとに用意 する
完成した作品ではなく、役割ごとの見本を用意します。基本の手順と異なる色味や大きさのものも交ぜておきます。

説明は 短くわかりやすい言葉 で
1文をできるだけ短くして説明します。認知症の人は一度に複数のことを理解することが苦手なため、言葉での説明のあとに実演を行います。

教え上手な利用者 に リーダーをお願いする
役割ごとにリーダーを決め、ほかの利用者のサポートを頼んでもよいでしょう。仲のよい利用者同士を同じ役割にすることもうまく進めるポイントです。

気の進まない人には 無理じいはしない
同じ空間で過ごすことが大切になるため、見守るだけの利用者がいてもかまいません。途中で気分がのってきた利用者がいれば、介護者が役割を提案しましょう。この場合も無理じいはしません。

4 仕上げる

役割を分担する場合も、仕上げは各自で行うと達成感を得やすくなります。見本と異なる仕上げをしていても直す必要はありません。「個性があって素敵ですね」などの言葉かけをしましょう。仕上げが難しい人はできあがった花や葉から、好きな色のものを選んでもらい、できる人に仕上げをお願いしましょう。

5 作品をほめ合う

仕上げが終わったら介護者や利用者同士でそれぞれの作品をほめ合います。この時、気づいた点を具体的な言葉でほめることが、利用者の自尊心や自己肯定感を高めます。

「大きな花心が、迫力があっていいですね」
「花いっぱいの華やかな花かごになりましたね」

こんな進め方も

パーツごとに制作する日を分ける

認知症の人は疲れやすく、最後まで集中して取り組めないこともあります。1日で仕上げまで行おうとせず、花や葉といったパーツごとに、数回に分けて制作を進めましょう。

日を分けて進める時のポイント

● **見本はパーツごとに用意する**
見本の中には、基本の手順と異なる色味や大きさのものも交ぜておきます。

● **利用者が前回の内容を覚えていなくてもよい**
その日その日の制作を楽しんでもらうことを目的に考え、必ず説明から始めます。

認知症をもっと知って「レク」に生かそう ②

わかりやすいルールで
達成感を得られる

認知症の人が安心して参加できるゲームレク

認知症の人は、ゲームレクにさまざまな不安を抱えながら参加しています。不安を解消するには、「できた」という成功体験を積み重ね、自己肯定感を高めてもらうことが大切です。認知症の人に安心して参加してもらうためのポイントと、それを生かしたゲームレクを紹介します。

プラン・監修／尾渡順子

医療法人中村会 介護老人保健施設あさひな 認知症介護レクリエーション実践研究会。介護職として働く傍ら、介護現場での実践者として日本各地でレク研修を行う。

認知症の人は、ゲーム中にこんな"不安"を感じています

- ルールが複雑で覚えられない
- 何をしているかわからない
- 失敗して笑われたら恥ずかしい
- 知らない人ばかりの中で不安だ
- 体が思うように動かなくて、迷惑をかけるかも

不安を取り除く5つのポイント

1 簡単なルールにする

認知症の人は記憶障害などがあるため、ルールを説明しても覚えられなかったり、途中で自分が何をしているかわからなくなったりします。ゲームはできるだけ簡単なルールにし、わからなくなったら、その都度説明と実演を行います。また、周囲のまねをすれば参加できるものにすると、安心して参加できるでしょう。

2 個人やチームで競い合う内容にする

競い合うゲームは場が盛り上がるだけでなく、「勝ちたい」という前向きな気持ちも生まれやすくなります。また、チーム制のゲームの場合は、チームでの連帯感やコミュニケーションが生まれるなどの効果もあります。

3 待ち時間を短くする

認知症の人は集中力が続かないため、待ち時間が長いゲームだと飽きたり、落ち着かない気分になったりします。順番がすぐに回ってくるゲームを選ぶ、隊形の工夫で移動する時間を減らすといった方法で、それらを防ぐことができます。

隊形の工夫 で動線をコンパクトに

ボウリングを例にした待ち時間の比較。
Bのほうが待ち時間が少なくてすむ

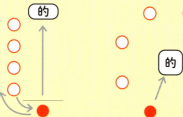

A 決まった地点から投げる
投げるたびに並び直す必要があり、時間がかかる

B 円座の中心に的を置く
移動の必要がなく、スムーズに進行できる

4 役割があり、コミュニケーションがとれる

認知症でできないことが多くなると、自尊心が傷つき、さまざまな意欲を失っていきます。そんな時には「役割のあるゲーム」をしてみましょう。役割を担うことで、自己有用感を得ることができ、自尊心の回復につながります。また、レク中のコミュニケーションも、不安を取り除く大切な要素。参加者同士の相性に配慮し、交流を図りやすい席順にすることもポイントとなります。

介護者の失敗した姿も見せよう

実演する時、介護者自らが失敗する様子を見せることも大切です。明るく笑って、「誰でも失敗する」「失敗は恥ずかしくない」という雰囲気を作ると、認知症の人も参加しやすくなります。

5 参加者やその日の様子に合わせて、アレンジする

ゲームに飽きてしまわないように、変化をつけることも大切です。使う道具を変えたり、個人戦をチーム戦に変えたり、参加者の顔ぶれやその日の体調、施設の環境などに応じて、いろいろ試しながらアレンジを考えてみましょう。

①テーブルバレー

シンプルな風船つきですが、いつ自分の順番が来るかわからない展開が集中力を生みます。風船はひも付きにして、テーブル中央に落ちても取りやすくしておきます。

認知症の人が安心できるポイント → ルールがわかりやすい ／ 待ち時間が短い ／ アレンジできる

ねらい
- 上肢や上半身の筋力・バランスの向上
- チームで取り組むことで連帯感を得る

注意点や見守りのポイント
- 司会進行のほかに、見守りの介護者を2名以上配置する。ゲームに熱中した利用者が後ろにひっくり返る恐れもあるので、必ず見守る。

人数と隊形
（テーブルの大きさにより）6～8人で、テーブルの周りに座る。

用意するもの
風船またはビーチボール／ビニールひもやスズランテープ（30㎝程度）

ふくらませたら、口にひもを結び付ける

1 ゲームの説明をする

参加者にひもの付いた風船を見せ、短くわかりやすい言葉でルールを説明する。

言葉かけ例
- 腕の運動になりますよ。
- いすに座ったまま打ってくださいね。
- 打ち合いを続けましょう。

配慮のポイント
認知症の人は長い説明を理解することが難しいため、一動作ずつ簡潔な言葉で説明します。また、近時記憶が失われやすいので、説明のあとすぐに実演し、説明→実演をくり返しましょう。

「風船は手で打ってください」
「風船が飛んできたら打ち返します」

2 実演する

2人の介護者で打ち合いを実演してみせる。この時に、打ち損ねる、強く打ちすぎるなど失敗例も見せるとよい。ただし「失敗」という言葉は使わず、明るく笑い合う。

言葉かけ例
- テーブルに落ちたら、ひもを引っ張って取りましょう。
- 床に落ちた風船は、私たちが拾いますね。

認知症の人が安心して参加できるゲームレク

3 ゲームスタート！風船を打ち合う

みんなで風船を打ち合って、ラリーが続くようにする。慣れてきたら、下記のアレンジを参考に、ルールを変えて行うとよい。

配慮のポイント
風船を打たずに取ってしまう人もいるので、声をかけ、打ち返すことを伝えましょう。また、全員が風船を打てるように、介護者が時々打って調整します。

配慮のポイント
転倒の恐れがある参加者には、介護者が後ろに控えて見守ります。

言葉かけ例
- 風船が飛ぶ方向を見ていてくださいね。
- Aさん、風船が行きましたよ！
- できるだけ長く打ち合いましょう。

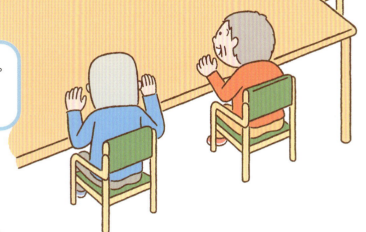

こんなアレンジを

アレンジ①　歌を歌いながら打つ

童謡の『うさぎとかめ』『かたつむり』など、みんなが知っている歌を歌いながら、風船を打つ。1番を最後まで歌いきったら、大きく拍手。途中で打ち合いが止まってしまったら、また続きから歌い始める。

アレンジ②　数を数えながら打つ

風船をついた数を数えながら打つ。30回など、参加者の状態に合わせて目標を設定し、打ち合いが30回続いたら、大きく拍手。また、参加者によっては30から始めて、29、28……と逆に数えることで、難易度を上げることもできる。

アレンジ③　チーム対抗戦にする

テーブルの中央にビニールテープなどでセンターラインを引き、2チームに分かれて打ち合う。得点制にして、敵の陣地に風船が落ちたら1点。5点先取したチームの勝ち。

②タオル玉おはじき

玉入れとおはじきを合体させたような対戦ゲームです。テーブルに玉をのせたり、相手の玉を落としたりして、盛り上がります。

認知症の人が安心できるポイント → ルールがわかりやすい／待ち時間が短い／アレンジできる

ねらい
- 上肢や上半身の筋力・バランスの向上
- 集中力の維持・向上

注意点や見守りのポイント
- ゲームに熱中すると立ち上がる利用者もいるので、利用者の後ろで必ず見守る。手指に疾病のある利用者は、医療職やリハビリ職に相談する。

人数と隊形
3m程度あけて2列で向かい合って座る。向かいの人との1対1の対抗戦。参加者は何人いてもよい。

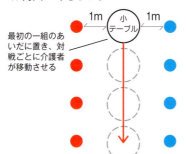

最初の一組のあいだに置き、対戦ごとに介護者が移動させる

用意するもの
タオル10枚／カラーガムテープ（赤と青など2色）／小テーブルやワゴン

1～2回結んで団子状にしたタオル

玉 カラーガムテープを巻いて、赤・青を5個ずつ作る

1 ゲームの説明をする

参加者にタオルの玉を見せ、短くわかりやすい言葉でゲーム内容とルールを説明する。

配慮のポイント
認知症の人は長い説明を理解することが難しいため、一動作ずつ簡潔な言葉で説明します。また、近時記憶が失われやすいので、説明のあとすぐに実演し、説明→実演をくり返しましょう。

「玉を投げてテーブルの上にのせます」「向かいの人と交互に投げます」

言葉かけ例
- 1対1で対戦します。
- テーブルにのったら1点ですよ。

2 実演する

2人の介護者で玉を投げるところを実演してみせる。この時に、玉をテーブルから外すなど失敗例も見せるとよい。ただし「失敗」という言葉は使わず、明るく笑い合う。

あらら

言葉かけ例
- 下から放るように投げます。
- 元気よく投げすぎました！
- 次はもう少し遠くに投げてみますね。

認知症の人が安心して参加できるゲームレク

3 ゲームスタート！ 2人ずつ交互に投げ合う

向かい合った2人で対戦する。5個ずつ玉を持ち、テーブルを目がけて交互に投げ合う。5投してテーブルに多くのせられた人が勝ち！ できる人は相手の玉をねらって投げ、はじき出してもよい。

配慮のポイント
参加者の状態や投げる力に応じて、テーブルまでの距離を調整しましょう。

言葉かけ例
- 最初はAさんとBさんの勝負です。
- テーブルに向けて投げましょう。
- すごい！ 玉がたくさんのりましたね。
- 落ちた玉は拾わなくていいですよ。

4 介護者がテーブルを動かし、次の2人と交代

次の2人のあいだにテーブルをずらし、また5投ずつ対戦する。3組目以降も同じように行う。

言葉かけ例
- 終わったAさんとBさんは、次の組を応援しましょう。
- 次は隣のCさんとDさんの勝負です。

玉を投げてテーブルにのせましょう

配慮のポイント
ゲーム内容がわからなくなった人には、その都度言葉をかけたり、実演してみせたりして不安を和らげましょう。

こんなアレンジを

アレンジ①
投げるものを変える

身近で手に入りやすいものを探し、投げるものを変えて行う。ものにより投げやすさ、のりやすさが異なるため、参加者の顔ぶれを考えて選ぶとよい。

【投げるものの例】
・お手玉
・紙コップや洗濯バサミ（テーブルに当たって跳ね返ることが多く、難易度が高い）
・お花紙1枚をふんわりと丸めたもの（軽いため飛距離が出ない）

アレンジ②
利き手と反対の手で投げる

簡単すぎる参加者には、利き手と反対の手で投げてもらう。思ったように投げられないため難易度が上がる。

アレンジ③
チーム対抗戦にする

的となる台を長机に替え、片方の列を赤組、もう一方の列を青組などにしてチーム対抗に。ただし、全員で一斉に投げるとすぐにゲームが終了してしまうので、玉は端の一組から順番に投げるとよい。全員が投げ終わったあとで、テーブルにのっている玉の数で勝ち負けを決める。

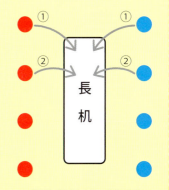

順番に投げるよう、介護者が声かけをしながら進行しましょう。

25

③卵パック詰め競争

「新聞紙を丸めて卵を作る係」「卵を詰める係」と役割分担をしながら競争します。役割がやる気を引き出すゲームです。

認知症の人が安心できるポイント → ルールがわかりやすい｜チームで競い合う｜役割がある｜アレンジできる

ねらい
- 手指の**巧緻性の維持・向上**
- チームで競うことを通じて**高揚感を得る**

注意点や見守りのポイント
- 手指に疾病のある利用者は、医療職やリハビリ職に相談する。片麻痺のある利用者が「卵を詰める係」をする時は、卵パックをテープで卓上に固定するなどの工夫を。

人数と隊形
チーム対抗戦。3人1組でチームを編成し、それぞれテーブルにつく。
- 新聞紙を丸めて卵を作る係（2人）
- 卵をパックに詰める係（1人）

ほかに工場長役を全体で1人指名すると、より楽しめる。

用意するもの
新聞紙（1枚を1/8の大きさに切ったもの10枚）／10個入りのからの卵パック／輪ゴム

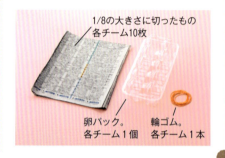

1/8の大きさに切ったもの　各チーム10枚／卵パック。各チーム1個／輪ゴム。各チーム1本

1 ゲームの説明をする

参加者に新聞紙や卵パックを見せ、短くわかりやすい言葉でゲーム内容とルールを説明する。

「新聞紙は1枚ずつ丸めます」「新聞紙で卵を作ります」

言葉かけ例
- 一緒に座っている3人がチームです。
- チーム対抗戦で戦いますよ。
- 卵を作る係と、卵を詰める係に分かれます。
- 詰める係の人は、卵をパックに入れます。
- 詰め終わったら、パックを輪ゴムでとめます。
- 手や指のいい運動になりますよ。
- 工場長には最後に検品してもらいます。

配慮のポイント
認知症の人は長い説明を理解することが難しいため、一動作ずつ簡潔な言葉で説明します。また、近時記憶が失われやすいので、説明のあとすぐに実演し、説明→実演をくり返しましょう。

2 実演する

新聞紙を丸めるところ、パックに詰めるところを実演してみせる。この時に、丸めきれずに大きくなってしまった卵なども作るとよい。ただし「失敗」という言葉は使わず、明るく笑い合う。

言葉かけ例
- 大きい卵、小さい卵、いろいろあっていいですよ。
- 卵が大きすぎたら、ギュッと丸め直しましょう。

26

認知症の人が安心して参加できるゲームレク

3 ゲームスタート！新聞紙を丸めてパックに詰める

「よーいドン」でスタートする。卵を作る係の2人は、それぞれに新聞紙を丸めて卵を作る。詰める係の1人はできた卵をパックに詰め、10個すべて詰め終わったら、輪ゴムでふたをとめる。一番にできたチームには「仕事がはやいで賞」として大きく拍手！

言葉かけ例
- 卵のように丸めましょう。
- できた卵は○○さんに渡してくださいね。
- 卵は10個詰めますよ。

配慮のポイント
うまく丸められない人には、アドバイスや、必要に応じてサポートする。

（指先を使って丸めましょう／できた卵ここに置くわよ！）

4 工場長が仕上がりを確認する

介護者が全チームの卵パックを工場長のところへ運ぶ。工場長は仕上がりを確認して、一番きれいに詰められたパックを決める。選ばれたチームには「仕事が丁寧で賞」として大きく拍手！

配慮のポイント
レクへの参加に積極的でない人も、工場長なら引き受けてくれるかもしれません。お願いしてみましょう。

（工場長、確認をお願いします／どのパックが一番きれいですか？／これかな！）

5 役割を交代して2回戦、3回戦を行う

卵を作る係と詰める係を順に交代して、2回戦、3回戦を行う。

こんなアレンジを

アレンジ①　得点制にする

「仕事がはやいで賞」は5点、「仕事が丁寧で賞」は3点……などの得点制にして、3回戦まで終わった時点で総合優勝のチームを決める。

アレンジ②　新聞紙の大きさを変える

指先に力を入れられる参加者が多い場合は、新聞紙を倍の大きさに変えるなどして、難易度を調整する。

④体温ずもう

握手をして「どちらの手が温かい？」を確かめる、勝ち抜き戦のゲームです。介護者が場を盛り上げながら、スキンシップとコミュニケーションを楽しみましょう。

認知症の人が安心できるポイント　→　**ルールがわかりやすい**　**能力差が目立たない**　**コミュニケーションがとれる**

ねらい
- スキンシップを通じて**情緒を安定させる**
- 他者とのコミュニケーションを通じ、**心身を活性化**させる

注意点や見守りのポイント
- スキンシップを好まない利用者には無理じいしない。握手の相手が介護者であれば参加する場合もあるので、対戦相手に配慮するとよい。移動の際は介護者が必ず付き添う。

人数と隊形
テーブルを置かずに円座を組む。参加者は何人でもよい。

用意するもの
なし

席順の配慮
仲のよい利用者同士で隣に座ってもらうなど、場が盛り上がるよう事前に席順を考えておく。

1 ゲームの説明をする

短くわかりやすい言葉で、参加者にゲーム内容とルールを説明する。

配慮のポイント
認知症の人は長い説明を理解することが難しいため、一動作ずつ簡潔な言葉で説明します。また、近時記憶が失われやすいので、説明のあとすぐに実演し、説明→実演をくり返しましょう。

言葉かけ例
- 負けたと思った人は「参りました」と言いましょう。
- 勝ち抜き戦で、どんどん握手をしていきますよ。
- 誰が横綱になるでしょうか？

2 実演する

2人の介護者で握手をし、実演してみせる。

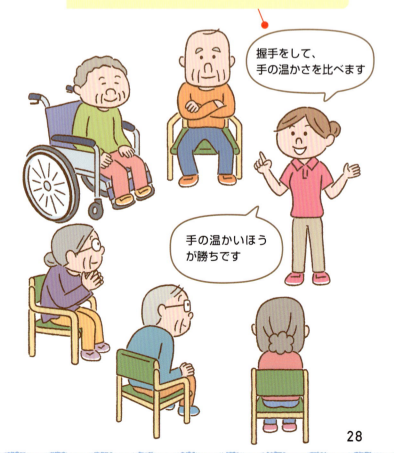

認知症の人が安心して参加できるゲームレク

3 ゲームスタート！まずは1組めが対戦

最初は、進行役の介護者が隣り合う2人を指名し、握手してもらって勝ち負けを決める。どちらが温かいかは、勝負した2人が決めてかまわない。負けたほうは「参りました」と頭を下げる。

言葉かけ例
- 最初はAさんとBさんで握手しましょう！
- どちらが温かいですか？
- 1組目の勝者はAさんです！

4 勝った人が移動していき勝ち抜き戦を行う

勝った人は右回り（または左回り）に隣へ移動し、次の人と握手をする。以降も同様にして、勝っているあいだは円を進んでいき、負けたら勝者と交代して座る。円の最後まで勝ち進んだ人が横綱！

言葉かけ例
- Cさんと、さっき勝ったAさんで2回戦をしましょう。
- AさんがCさんのところへ行きましょうか。
- 急がなくていいですよ。ゆっくり歩いてくださいね。
- Aさんは3連勝ですね！

---- こんな時は…… ----

お互いに勝ちを譲ったり、体温差がわからなかったりして勝負がつかない時や、移動が難しい時は、進行役などの介護者が両者と握手をして判定する。

「では、私が確かめますね！」

横綱おめでとう！

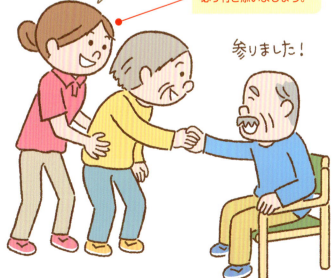

Aさんが横綱です！みなさん拍手をしましょう

配慮のポイント
移動する参加者には、必ず付き添いましょう。

参りました！

⑤鬼退治ゲーム

鬼の絵を貼ったティッシュの箱を積み上げ、お手玉をすべらせて倒します。シンプルで達成感のあるゲームです。

認知症の人が安心できるポイント ➡ ルールがわかりやすい｜待ち時間が短い｜チームで競い合う

ねらい
- お手玉をすべらせることで、**上肢を鍛える**
- すべらせたお手玉で箱が崩れる**達成感や爽快感**を味わう

注意点や見守りのポイント
- お手玉をすべらせる時に、立ち上がったり、体勢が崩れたりしないように見守る。

人数と隊形
2チームに分かれて1人ずつテーブルにつく。

Aチーム　Bチーム
テーブル　テーブル

用意するもの
ティッシュの箱／お手玉

お手玉（1人10個）

鬼の箱
ティッシュの箱の底面に鬼の絵を貼る。
赤鬼1個、青鬼5個で1組

1 ゲームの説明をする

テーブルに鬼の絵を貼ったティッシュの箱を積み、お手玉を見せながら、短くわかりやすい言葉でゲームの内容とルールを説明する。

配慮のポイント
認知症の人は長い説明を理解することが難しいため、一動作ずつ簡潔な言葉で説明します。また、近時記憶が失われやすいので、説明のあとすぐに実演し、説明→実演をくり返しましょう。

「お手玉をすべらせて鬼の箱に当てて崩します」
「先に赤鬼を落としたほうが勝ちです」

2 実演する

介護者がお手玉をすべらせ、鬼の箱に当てて崩すところを実演してみせる。赤鬼が落ちるまで続ける。いきなり赤鬼を落とすのではなく、お手玉を何回かすべらせて箱を崩す。

言葉かけ例
- お手玉は1人10個です。
- 投げないでテーブルの上をすべらせましょう。

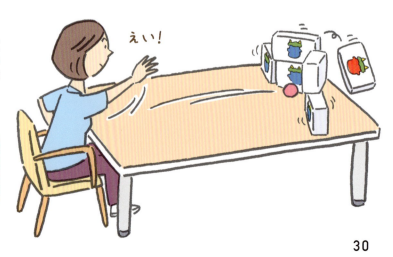

認知症の人が安心して参加できるゲームレク

3 2チームに分かれてスタート！

各チームから1人ずつテーブルにつき、スタートの合図でお手玉をすべらせて鬼の箱に当てる。

配慮のポイント
お手玉が箱に当たらない人は、少し距離を短くしましょう。その際、「○○さんは力が弱いようなので」とほかの利用者に断って、不公平を感じないようにしましょう。

言葉かけ例
- 最初は○○さんと、△△さんの勝負です。
- お手玉をすべらせて鬼の箱に当てましょう。
- 箱を崩しててっぺんの赤鬼を落とします。

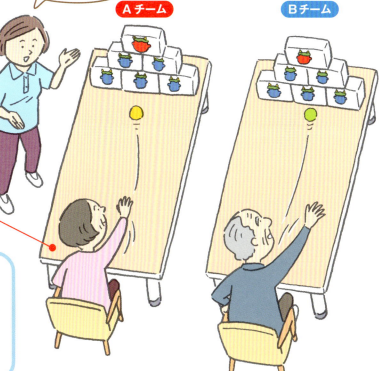

お手玉をすべらせて青鬼に当てましょう

4 両者の赤鬼が落ちるまで行う

お手玉を1人10回すべらせて、先に赤鬼が落ちた人の勝ち。全員行い、勝った人の多さでチームの勝敗を競う。

言葉かけ例
- △△さんももう少しです！
- 先に赤鬼が落ちた○○さんの勝ちです。
- 次は、◎◎さんと××さんの対戦です。
- 終わった○○さんと△△さんは、次の組を応援しましょう。

○○さんの赤鬼が落ちました！

⑥青玉に近づけろ

2チームに分かれ、青玉に向かって赤と白の玉を転がします。より青玉に近づけたチームの勝ちです。

認知症の人が安心できるポイント → ルールがわかりやすい / 待ち時間が短い / チームで競い合う / 能力差が目立たない

ねらい
- ねらいを定めて玉を転がすことで、**集中力を養う**
- チームで競うことで**高揚感を得る**

注意点や見守りのポイント
- 玉を転がす際に前傾しすぎていすから転落しないように、利用者の近くで見守る。

人数と隊形
1チーム3～4人で2チームに分かれ、円座になる。

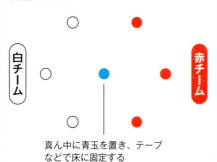

真ん中に青玉を置き、テープなどで床に固定する

用意するもの
青いボール／新聞紙／カラーガムテープ

青玉 直径20cm程度。新聞紙を丸めて青いガムテープを巻いてもよい

赤玉、白玉 新聞紙を直径8cm程度に丸め、赤と白のガムテープをそれぞれ巻く

1 ゲームの説明をする

青玉と赤玉、白玉を見せながら、わかりやすい言葉でゲームの内容とルールを説明する。

配慮のポイント
認知症の人は長い説明を理解することが難しいため、一動作ずつ簡潔な言葉で説明します。また、近時記憶が失われやすいので、説明のあとすぐに実演し、説明→実演をくり返しましょう。

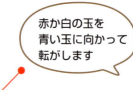

「赤か白の玉を青い玉に向かって転がします」
「青い玉に一番近い玉の色のチームが勝ちです」

2 実演する

介護者が青玉に向かって玉を転がすところを実演してみせる。利用者に手伝ってもらいながらすべり台を使って転がす様子もみせる。

言葉かけ例
- 赤チームには赤い玉、白チームには白い玉を渡します。
- 1人ずつ、順番に転がします。
- 青い玉に向かって転がします。

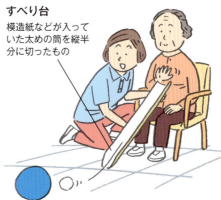

すべり台 模造紙などが入っていた太めの筒を縦半分に切ったもの

認知症の人が安心して参加できるゲームレク

3 ゲームスタート！青玉に向かって赤白の玉を転がす

利用者は自分のチームの色の玉を持ち、各チーム1人ずつイラストの番号順に青玉に向かって玉を転がす。

青玉をねらって転がしましょう

配慮のポイント
玉をうまく転がせない人はすべり台を使って転がします。介護者がすべり台を持ち、利用者に転がす方向や角度を尋ねながらサポートしましょう。

転がす順番 ①　②

④ 赤チーム

③ 白チーム

⑤　⑥

言葉かけ例
- ゆっくり転がしましょう。
- 対戦チームの玉をはじいてもOKです。
- （すべり台を使う人に）この向きでいいですか？

4 青玉に一番近かった玉の色のチームの勝ち

全員が転がし終わったら、青玉に一番近い玉を介護者が確認する。青玉に一番近かった玉の色のチームの勝ち。5回行い、勝った回数の多さを競う。

白玉が一番近いので白チームの勝ちです！

言葉かけ例
- ほんの少し、Aさんの玉が近いようです。
- Bさんの玉も惜しかったですね。
- 次はじっくりねらって転がしましょう。

⑦ 風船を追い出せ

円の中の風船を、新聞紙玉を蹴って外に追い出します。ルールが簡単で能力差が目立たないゲームです。

認知症の人が安心できるポイント ➡ ルールがわかりやすい ／ チームで競い合う ／ 待ち時間が短い ／ 能力差が目立たない

ねらい
- 玉を蹴ることで、**下肢を鍛える**
- チームで協力することで、**個人の能力に関係なく楽しむ**

注意点や見守りのポイント
- 玉を蹴る際にバランスを崩していすから転落しないように、利用者の近くで見守る。

人数と隊形
1チーム4人で2チームに分かれ、円座になる。

中央の床に円形になるようにビニールテープで印をつける

用意するもの
新聞紙／カラーガムテープ／風船（赤・青）／洗濯ばさみ

新聞紙玉　新聞紙3枚を軽く丸めて直径20cm程度の大きさにし、カラーガムテープで十字に巻く（1人1個）

風船　風船を膨らませて口を縛り、縛ったところに洗濯ばさみをつけて重しにする（各チーム3個）

1 ゲームの説明をする

中央の円の中に各チームの色の風船を3個ずつ置く。新聞紙玉を1人1個ずつ足元に置く。わかりやすい言葉でゲームの内容とルールを説明する。

「玉を蹴って風船に当てます」
「風船を多く円から出したチームの勝ちです」

2 実演する

介護者が新聞紙玉を蹴って風船に当て、円の外に出すところを実演してみせる。

言葉かけ例
- 玉は1回だけ蹴ります。
- しっかり風船をねらって蹴りましょう。

配慮のポイント
認知症の人は近時記憶が失われやすいので、説明のあとすぐに実演し、説明→実演をくり返しましょう。

認知症の人が安心して参加できるゲームレク

3 ゲームスタート。
玉を蹴って風船を円の外に出す

スタートの合図で、2チームが一斉に新聞紙玉を蹴って円の外に風船を出す。

配慮のポイント
うまく蹴れない人は、介護者が一緒に蹴ります。足が不自由な人は、手で投げてもよいでしょう。

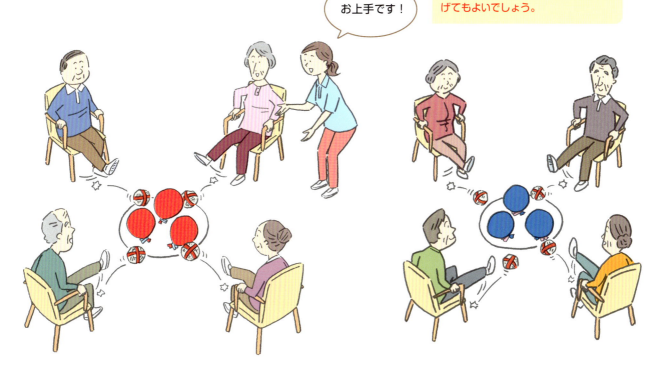

お上手です！

4 より多く風船を円の外に出したチームの勝ち

より多くの風船を円の外に出したチームの勝ち。5回戦行い、勝った回数の多さを競う。

赤チームが2個、青チームが3個なので青チームの勝ち！

言葉かけ例
- 皆さん、とてもお上手でした。
- 赤チームさん、次は風船を全部出しましょう。

⑧ 透視ゲーム

赤玉と青玉を新聞紙で包んだものから、赤玉だと思うものを選ぶゲームです。偶然性で競うので誰でも楽しめます。

認知症の人が安心できるポイント → ルールがわかりやすい／偶然性で競う／能力差が目立たない

ねらい
- 新聞紙玉を開くことで、**手指の巧緻性を高める**
- 玉を選ぶことで、**集中力を向上させる**
- 競うことで、**高揚感を楽しむ**

注意点や見守りのポイント
- 片麻痺の人などで新聞紙玉をうまく開けない場合は、介護者が手を添えて一緒に開く。

人数と隊形
1対1でテーブルに向かい合って座る。

用意するもの
新聞紙／色画用紙（赤・青）

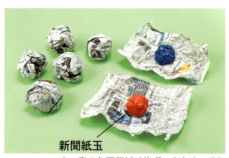

新聞紙玉
赤・青の色画用紙10枚ずつを丸め、それぞれ1/8の大きさに切った新聞紙で包む。

1 ゲームの説明をする

新聞紙玉や赤玉、青玉を見せながら、短くわかりやすい言葉でゲームの内容とルールの説明をする。

言葉かけ例
- 1人7個ずつ玉を取ります。
- 選んだ玉を開きます。
- 赤玉が多く出た人の勝ちです。

「新聞紙の玉の中にこの赤玉と青玉が入っています」

2 実演する

介護者が新聞紙玉を7個選び、1つずつ開いてみせる。

言葉かけ例
- 7個のうち、赤玉は何個でしょう。
- 宝探しみたいでワクワクしますね。

「選んだ玉を開きます」「これは赤玉ですね」

配慮のポイント
一動作ずつ簡潔な言葉で説明します。また、説明のあとすぐに実演し、説明→実演をくり返しましょう。

認知症の人が安心して参加できるゲームレク

3 ゲームスタート。新聞紙玉を7個ずつ取る

テーブルの上に新聞紙玉を20個置く。じゃんけんをして勝った人から7個選んで取る。

言葉かけ例
- 赤玉が入っていそうな玉を選んでくださいね。
- 中の玉の色を透視してくださいね。

配慮のポイント
7個選ぶのに時間がかかる場合は、1個ずつ交互に取ってもいいでしょう。その場合は、「Aさん、1つ選んでください。次はBさん、1つ選んでください」とその都度声かけをしましょう。

4 新聞紙玉を開く

新聞紙玉を開いて中の玉の色を確認する。出てきた玉をそれぞれの前に一列に並べる。赤玉が出た時には「赤玉が出ましたね」と声をかけるとよい。

言葉かけ例
- Bさん、赤玉が出ましたね。
- どんどん開いていきましょう。

5 赤玉が多い人の勝ち。次の人と交代する

それぞれ7個の新聞紙玉を開き、赤玉の多い人の勝ち。次の人に交代し、同様に行う。

言葉かけ例
- Aさんは赤玉が3個でしたね。惜しかったですね。
- 次の人に交代するので見ていてくださいね。

⑨ 春の七草を集めよう

じゃんけんをして勝ったらカードを引き、先に七草が揃うようにカードを集めた人の勝ちです。

認知症の人が安心できるポイント → ルールがわかりやすい / 偶然性で競う / 能力差が目立たない

ねらい
- 1対1でじゃんけんを楽しむ
- 相手とコミュニケーションを図る
- 認知機能の維持・向上

注意点や見守りのポイント
- ルールの理解が難しい人がいる場合は、チーム対抗にしてじゃんけんをする人、カードを引く人など、役割を分けて進めるなどの工夫を。

人数と隊形
テーブルに6～8人が向かい合って座る。対面の人と1対1で対戦する。

最初の組が終わったら、カードを次の組のあいだに移動する。

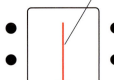

用意するもの
ハガキサイズの画用紙／春の七草のイラストや写真／ホワイトボード

カード

ハガキサイズの画用紙14枚に、七草の名前を2枚ずつ書く。

1 七草の思い出を話す

ホワイトボードに七草のイラストや写真を貼り、七草の思い出を話す。

言葉かけ例
- 春の七草を言えますか？
- 「せり、なずな、ごぎょう、はこべら、ほとけのざ、すずな、すずしろ、春の七草」と覚えましたね。
- すずなは蕪、すずしろは大根です。

2 ゲームの説明をし、実演する

春の七草を使ったゲームのルールを説明し、介護者2人で実演してみせる。

言葉かけ例
- 一番上のカードを1枚取ってください。
- 取ったカードは文字を上にして並べます。
- 先に七草のカードが揃った人の勝ちです。

配慮のポイント
一動作ずつ簡潔な言葉で説明します。また、近時記憶が失われやすいので、説明のあとすぐに実演し、説明→実演をくり返しましょう。

認知症の人が安心して参加できるゲームレク

3 ゲームスタート！ じゃんけんに勝った人が山札から1枚取る

カードをよくシャッフルし、裏面を上にして2人のあいだに重ねておく。1対1で向かい合う2人がじゃんけんをし、勝った人が一番上のカードを取る。取ったカードは表に返して自分の前に並べる。同じようにじゃんけんをくり返し、七草のカードを全種類集める。

配慮のポイント

ルールの理解が難しい人は、介護者が一緒に行います。「じゃんけんをします」「勝ったから1枚取ります」「七草が3種類揃いましたね。あと4種類揃えましょう」など、その都度することを声かけしましょう。

同じカードを引いた時は……

すでに持っている七草のカードを引いた場合には、2枚めのカードを山札の一番下に裏返して戻し、またじゃんけんをします。

4 先に七草のカードが全種類揃った人の勝ち。カードを移動し、次の人と交代

先に七草（7種類のカード）をすべて揃えた人の勝ち。カードを隣の組に移動し、次の対戦を行う。

言葉かけ例

- Bさんもあと2枚でしたね。
- Aさん、じゃんけんが強いですね。
- 次の方と交代しますので、見ていてください。

認知症をもっと知って「ケア」に生かそう ❶

介護職が知っておきたい基礎知識
「認知症」とは？

認知症の特徴や症状について理解すると、利用者をより深く観察することができ、ケアの質が上がるとともに、介護職のストレス軽減にもつながります。認知症の知識を改めて見直してみましょう。

監修／長田 乾（ながた けん）
医療法人社団緑成会横浜総合病院／横浜市認知症疾患医療センター センター長

神奈川県出身。1978年弘前大学医学部卒業。コロラド大学神経内科研究員、秋田県立脳血管研究センター神経内科学研究部長などを経て、2016年横浜総合病院臨床研究センター長、2020年横浜市認知症疾患医療センター長。専門領域は認知症、脳卒中、神経心理学、画像診断。著書に『認知症になりにくい人・なりやすい人の習慣』（メディカル・ケア・サービス）、『うちの家族、認知症？と思ったら読む本』（Gakken）ほか多数。

記憶や判断力などの認知機能が低下し、日常生活に支障をきたしている状態

平均寿命が延びるにつれて認知症高齢者も増加

日本人の平均寿命は、男性が81歳、女性は87歳（厚生労働省令和5年の簡易生命表の概況）。平均寿命が延びるとともに認知症の高齢者も増えています。国の調査によると70代前半までは1割に満たない認知症有病率が、年齢が上がるにつれて高くなり、80代後半では約4割、90代になると6割以上が認知症になるといわれています。

そもそも認知症とは、疾患により脳の機能が低下して引き起こされる症状の総称を指し、病名ではありません。認知機能が低下して、日常生活に介助が必要になった状態をいいます。

認知症を引き起こす疾患には、アルツハイマー型認知症、血管性認知症など代表的な5つの疾患があります。それらの疾患により、脳細胞が壊死したり、働きが悪くなったりして記憶や判断力などが衰えてきます。

認知症に伴う症状は、障害される脳の部位によって現れ方はさまざま。人体を動かす中枢となる大脳は、「前頭葉」「頭頂葉」「後頭葉」「側頭葉」の4つの領域

大脳の各部位の役割

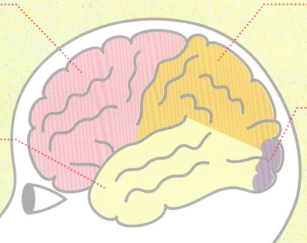

前頭葉
注意・集中力、実行（遂行）機能、判断力、発語、思考・感情をコントロールするなどの機能を担う。

側頭葉
聴覚的な言語の理解、言葉の意味の理解、聴覚、音楽などの機能を担う。

頭頂葉
読み書き、計算、空間の認識などの機能を担う。

後頭葉
視覚中枢の部分で、目から見たものを認識する機能がある。人の顔や色の識別などにもかかわりがある。

介護職が知っておきたい基礎知識「認知症」とは？

認知症の診断のめやす

生活に支障があるかどうか、以下の項目でチェックする。

認知機能

- **自発性・発動性** 自分の意志で物事を始め、進める能力
- **注意※・集中力**
- **見当識※** 日付・時間・人物などを認識する能力
- **記憶※**
- **言語※**
- **実行（遂行）機能※**
- **視空間認知※** 目から入った情報を把握する能力
- **判断・推論**

※p.44-45参照

生活機能

- 整容・入浴や清拭などの保清
- 公共交通機関の利用
- 携帯電話・電話の使用
- 買い物
- 炊事・洗濯・掃除
- 金銭管理
- 服薬管理
- 就労・社会活動

何を基準に認知症と診断されるのか？

認知症には定義があり、「一度正常に発達した認知機能が後天的な脳の障害によって持続的に低下し、日常生活や社会生活に支障をきたすようになった状態を言い、それが意識障害のない時にみられる」（認知症疾患治療ガイドライン2010）とされています。

認知症の診断において、特に重要になるのが、"日常生活に支障があるか"という視点。例えば、自分でホテルを予約し、新幹線に乗って旅行をするといった行動がとれる人は、日常生活に支障があるとはされません。

日常生活に支障があるかどうかは、「認知機能」と「生活機能」でチェックされます（上図参照）。「認知機能」は、長谷川式認知症スケールなどの認知機能テストを行い、認知機能障害の有無を調べます。具体的には今日の日付が答えられるか、少し前に話したことを覚えているか、物の名前が言えるかなど。一方の「生活機能」は、問診によって確認します。髪をとかしたり、歯を磨いたりといった整容や、入浴などの《基本的日常生活動作》が1人でできるかどうか。さらに、より高度な電話をかける、料理や洗濯などの《手段的日常生活動作》はどうか。例えば、料理は献立を考え、必要な材料や道具をそろえ、手順を考えながら、調理をする必要がありますが、そうした一連の動作ができるか。いずれも自立した生活を送るうえでは欠かせない動作です。一部、生活機能の低下があっても、代行する家族がいて、それが習慣化されていると本人・家族ともに気づきにくく、問診で確認をすることもあります。よくみられるのが、料理や金銭管理がいつのまにかできなくなっていた例。そうした点からも、問診は非常に大事な要素になっています。

以上のような検査を行った結果、認知機能障害の程度や日常生活の支障の有無、画像検査など総合的に診て診断されます。

利用者の認知機能や生活機能の変化は、施設内での利用者の様子からわかることもあります。介護者は、利用者の出すサインを見落とすことなくキャッチし、認知症の疑いがある場合は、早期に医療職につなげるように心がけましょう。

があり、それぞれ特有の役割を持っています（40ページ参照）。例えば、前頭葉が損傷されれば、計画を立て実行することが苦手になり、頭頂葉が損傷されると読み書きや計算の能力が低下します。後頭葉が損傷されると、人の顔がわからなくなったり、道に迷ったりします。側頭葉が損傷されると、人の話を理解できなくなります。

41

Part 1 認知症の種類

認知症には原因となる疾患がある

認知症には原因になる疾患があり、それによって大きく5つのタイプに分けられています。最も多いのはアルツハイマー型認知症。次いでレビー小体型認知症、血管性認知症、前頭側頭葉変性症と続き、最近は認知症を伴うパーキンソン病が加わっています。また、アルツハイマー型認知症と血管性認知症など複数の病理が併存する混合型もあります。軽度認知障害（MCI）は「加齢によるもの忘れ」と認知症のあいだのグレーゾーンで、アルツハイマー型認知症のごく初期も症例が含まれます。

認知症の原因疾患別割合

- アルツハイマー型認知症 43%
- 軽度認知障害（MCI） 35%
- レビー小体型認知症 9%
- 血管性認知症 6%
- その他の認知症 6%
- 前頭側頭葉変性症 1%

横浜総合病院神経内科もの忘れ外来（統計2019）「物忘れ外来初診患者の臨床診断」より

アルツハイマー型認知症

どんな病気？
脳にアミロイドβというタンパク質の一種がたまることによって神経細胞が死滅し、脳が萎縮して認知機能が障害されます。目立つのは近時記憶の障害で、進行すると日常生活に支障をきたすようになり、介助が必要になります。

特徴的な症状は？
- 同じことを**何度も言ったり聞いたりする**（記憶障害 p.44）
- **現在の日付や曜日、自分のいる場所がわからなくなる、家族を正確に認識できなくなる**（見当識障害 p.44）。
- 物事が**段取りよくできない**（実行機能障害 p.45）
- 質問されて答えられない時に、**ごまかそうとする**「取り繕い反応」は特に女性に多い。

血管性認知症

どんな病気？
脳出血、くも膜下出血、脳梗塞など脳卒中や、心不全、徐脈、低血圧などによって脳の血流障害が生じた結果、脳細胞が壊死することで症状が引き起こされます。脳卒中の後遺症として発症することが多いのも特徴。損傷される脳の部位や程度によってさまざまな症状が現れます。

特徴的な症状は？
- 左脳の脳卒中では**失語症**を呈し、右脳では**左半側空間無視**を呈し、**片麻痺や明瞭に発音できない構音障害**などを呈することがある。
- 左右両側の脳が損傷されると、感情を抑えられない「**情動失禁**」が現れることも。
- 物事が**段取りよくできない**（実行機能障害 p.45）。
- **意欲低下や抑うつ**（p.47）などがみられることもある。

介護職が知っておきたい基礎知識「認知症」とは？

レビー小体型認知症

どんな病気？
レビー小体と呼ばれる異常タンパクが、脳の神経細胞内に蓄積し、神経細胞が死滅した結果、神経の伝達が悪くなって起こる認知症。初期に頑固な便秘や嗅覚の異常がみられることも多いのが特徴。レビー小体が最初にできるのは腸や鼻で、それが脳に到達したために発症するとも考えられています。

特徴的な症状は？
- 誰もいないところに子どもの姿が見えるなど**リアルな「幻視」**を訴える。
- 睡眠中に大きな寝言を発したり、手足を激しく動かしたりする**「レム睡眠行動障害」**がみられる。
- 「目が覚めて意識がしっかりしている時と、体を揺すっても起きない時がある」など**意識レベルが大きく変動**する。

前頭側頭葉変性症

どんな病気？
脳の前頭葉や側頭葉が萎縮することで発症します。症状によって3つに分けられ、比較的早い年齢で発症し、ピック病とも呼ばれる「前頭側頭型認知症」、言葉の意味を理解できなくなる「意味性認知症」、言葉が滑らかに話せなくなる「進行性非流暢性失語」があります。

特徴的な症状は？
※前頭側頭型認知症の場合
- 自分の整容や身なりに**無頓着**になる。
- 行列に割り込んだり、突然どこかへ行ってしまったり**衝動を抑えられなくなる**（脱抑制 p.47）。
- 万引きをしたり、交通ルールを無視するなどの**反社会的な行動**がみられる。
- 毎日、同じ時刻に同じ行為を**くり返さないと気が済まなくなる**（常同行動）。

認知症を伴うパーキンソン病

どんな病気？
パーキンソン病は、ドーパミンという神経伝達物質が減少し、運動器に指令がうまく伝わらず、運動機能障害を起こす病気。約30％の人に認知症の症状が認められます。病歴が長くなるほど、認知機能障害が重くなります。

特徴的な症状は？
- パーキンソン病特有の手足のこわばりや震え、動作の緩慢、転びやすいなどの**運動症状**が起こる。
- 主な認知症の症状は、**言語応答が遅くなり、記憶障害、実行機能障害、発動性低下、抑うつ**など。
- 初期の段階から、**ひどい便秘**がみられることが多い。
- **嗅覚障害**があることも。

Part2 認知症の症状

認知症の症状には どんなものがあるか?

認知症の症状は、中核症状と行動・心理症状(BPSD)の2つに分かれます。中核症状は、認知症の原因疾患により、脳の機能が低下することで現れ、多くの人に共通してみられます。一方、BPSDは、中核症状に加え、置かれた環境や人間関係、本人の性格や心理状態など、さまざまな要因が絡み合って起こる症状。症状の現れ方には個人差があり、病前の性格も影響します。

中核症状とBPSD

脳の機能低下 → 中核症状
病前性格・心理状態 → BPSD ← 環境・人間関係

認知症の人に共通して現れる 中核症状

中核症状が進むと、今までできていたことができなくなり、日常生活に支障が出てきます。

記憶障害

記憶は短期記憶＝即時記憶(1分以内の記憶)と、長期記憶である近時記憶(数分前～数年前の記憶)、遠隔記憶(数十年前の記憶)に分類されます。アルツハイマー型認知症では近時記憶の障害が顕著ですが、遠隔記憶は比較的保たれます。また、自転車の運転など体で覚えた「手続き記憶」は比較的保持されますが、自分が経験した「エピソード記憶」は、その体験がそっくりそのまま抜け落ちています。

症状の例
- 何度も**同じ質問をくり返す**。
- **数分前**に薬を飲んだことを**忘れてしまう**。
- 散歩のあとに感想を聞くと、**散歩に行ったこと自体を忘れている**。

見当識障害

まず、今日の日付や曜日、今の季節、自分の年齢がわからなくなります。進行すると場所の区別がつかず、自宅近くで道に迷うことも。道に迷うことには、地理的な位置がわからなくなる、街並みが識別できない、の2種類があります。さらに進行すると、孫と息子を間違えるなど身近な人物を正確に認識できなくなります。

症状の例
- 生年月日は言えるが、**年々変化する自分の年齢は答えられない**。
- **季節感のない服を着る**。
- **自宅のトイレの場所がわからなくなる**。

実行機能障害

物事を行う時に、順序立てて進められなくなったり、複数のことを同時に行えなくなったりします。実行機能障害になると、食材の買い出しをする、料理をする、ゴミ出しをするなどの日常生活を送るうえで必要な一連の動作が困難になり、家電製品の操作の仕方がわからなくなったりして、生活に支障をきたすようになります。

※それに対して、簡単な行為ができないことを「失行」といい、これが起こる場合もあります。

症状の例
- 携帯電話やリモコンの**操作ができない**。
- 薬の管理ができず、**用法や用量を間違える**。
- **炊事や片付けができなくなる**。

失語（言語障害）

言語機能には「自分から話す」「耳で聞いて理解する」「聞いた言葉を自分で復唱する」「字を書く」「読む」の5つの要素があり、言語障害はそれらの機能が損なわれます。言葉がスムーズに話せない「非流暢性発話」、日常使う物や家族の名前が言えなくなる「喚語困難」も特徴です。

症状の例
- ハサミや茶碗など、**日常生活でよく使う物の名前がすぐに思い出せない**。
- 話す言葉の数が少なく、**とつとつと話す**。
- 「みんなで元気に」と復唱しようとすると、「みんな、みんな、みんな」と**最初のフレーズしか出てこない**。

注意障害

常にぼうっとしていて、集中力がなく、興味があることを始めても、すぐに飽きてしまいます。疲れやすく、複数のことに注意を向けられなくなって、細かなことに気づかない、といった症状がみられます。

症状の例
- 食事の最中でも、1人だけぼんやりとしていて、**周囲にも注意を払わない**。
- 数人で行うゲームに**最後まで参加できない**。
- **名前を呼ばれても気づかずに呆然としている**。
- 作業中に声をかけられると、**それまで自分がやっていたことに注意が向かなくなる**。

視空間認知障害

目から入った情報から、物の形や位置などを把握する能力が障害されること。見落としが多くなったり、見間違えが多くなったりします。また、声や髪型などはわかるのに、顔から人物を判別できない「相貌失認」が起こることもあります。脳卒中で右脳が損傷された時には、視界の左半分が見えない「左半側空間無視」を発症することも。

症状の例
- **エアコンとテレビのリモコンの区別がつかず、エアコンのリモコンをテレビに向けたりする**（視覚失認）。
- じっと見ても、**家族の顔がわからない。声を聞くと娘だとわかる**（相貌失認）。
- テーブルにお菓子や飲み物を並べる時は、**右半分にしか並べない**（左半側空間無視）。

行動・心理症状（BPSD）

現れる症状は人によってさまざま

BPSDは環境や病前性格などが大きく影響するため、人によって現れ方が異なります。行動の背景に目を向けることで、対応方法が見えてくることがあります。

不穏・焦燥

常にイライラして、落ち着きがない状態を「焦燥」といいます。ささいなことで興奮して怒り出したり、攻撃的な言動や行動を呈することもあります。1人になることを嫌って、介護者につきまとうことも。着替えや入浴を強く拒否するなど介護への抵抗を示すこともあります。家族や介護者が強い口調で注意したり、叱りつけたりすると、かえって不穏や焦燥を助長する結果につながります。

着替えを嫌がる時に介護者が強い態度に出ることで、さらに攻撃的な言動につながることも。

症状の例
- 着替えを促すと、**急に怒り出して拒否する**。
- デイサービスに送り出そうとすると**興奮して嫌がる**。
- 施設に入所すると、とりわけ誘因がなくても、**興奮して暴れ回る**（せん妄）。

背景にあるのは？
認知機能の低下により、できないことが増え、不安やストレスを感じていることが原因となっている場合があります。痛みや不快感など身体的な苦痛が原因になることも。

対応のポイント
不穏や焦燥の背景には、若いころから興奮しやすいなどの病前性格・気質に加えて、発熱、便秘、脱水、疼痛（とうつう）など体調の変化が影響を及ぼしていることも少なくないので、利用者の体調を注意深く観察し、変化を見逃さないことが大切です。利用者に寄り添う言葉かけで対応しましょう。ただ、病前の性格も影響するため、ケアの工夫で十分に改善しない場合は医師に相談し、薬の服用も検討してみましょう。

意欲減退

元気がなく、意欲がない状態です。何事にも無気力・無関心で、明らかな行動の低下がみられますが、特別な原因があるわけではありません。いわゆる「やる気」が失われている状態は、「アパシー」とも呼ばれています。

趣味のパソコンも、急に関心が薄れ、ぼんやりと前に座っているだけの状態に。

症状の例
- 散歩が好きだった人が、**施設内にこもるようになった**。
- 好きだったレクや趣味活動に「**楽しくない**」と言って参加しなくなった。
- 社交的だった人が、**ほかの利用者との交流を避けるようになった**。

背景にあるのは？
気分や興味、関心が一時的に欠如している状態で、うつとは異なります。うつでは悲しみや苦しみがありますが、意欲減退（アパシー）では悲哀感（ひあいかん）や寂寥感（せきりょうかん）はあまりありません。

対応のポイント
意欲減退は、認知機能低下に加えて、生活のなかで身近な目標を見失った時や、生活のリズムが乱れた時に出現しやすいと考えられています。介護者は、「肯定的な言葉で接する」「達成可能なハードルの低い目標をつくって、うまく達成できた時にほめる」「朝少し早く起きて日光を浴びるように心がけ、生活のリズムを取り戻す」「低栄養状態を改善する」ほか、医師と相談のうえ、「ドネペジルなど発動性の向上が期待できる薬剤を服用する」などの対処法があります。

46

介護職が知っておきたい基礎知識「認知症」とは？

抑うつ

周囲のことに興味を示さなくなり、気分が落ち込んだ状態。悲観的で「家族のお荷物になっている」といった自責感情を持つこともあります。アルツハイマー型認知症では約30％の人がうつを合併し、レビー小体型認知症やパーキンソン病の人もうつになりやすいといわれています。

症状の例	● 居室に閉じこもる。 ● 食欲が減退する。 ● 悲観的なことばかり言う。 ● 「早く死にたい」と口にする。
背景にあるのは？	認知症によって、今まで当たり前にできていたことができなくなり、自分が自分でなくなってしまうのではないかと強い不安を抱えています。さらに、配偶者や家族との死別、施設への入所など、生活環境の変化も影響します。
対応のポイント	うつはアルツハイマー型認知症の症候の1つであると同時に、アルツハイマー型認知症の危険因子とされ、中年期にうつを治療することで、認知症の発症リスクが軽減することが報告されています。認知症の人が抱える不安やストレスに寄り添い、安心感を与える言葉や態度で対応します。また、うつは適切な治療によって改善する可能性が高いので、深刻な場合には、精神科や心療内科を受診することも必要です。うつが改善されれば、認知症の進行を抑えることにもつながります。

ふさぎこんで家に閉じこもり、外出をしなくなることもある。

脱抑制

衝動や感情を抑えることができない状態を「脱抑制」といいます。周囲からどう見られているかを気にせず、葬式で鼻歌を歌う、代金を払わずに店の商品を持ち去る、交通ルールを守らず運転する、浴室をのぞくなど、社会的規範から逸脱した行動をとることもあります。こうした自分勝手な行動を注意されると激怒して攻撃的な態度を呈することもあります。

症状の例	● 敬語を使わずに無礼な発言をする。 ● 診療中に急に立ち去る。 ● 厳粛な雰囲気を理解せずに、冗談を言ったり、鼻歌を口ずさんだりする。 ● 順番を待てなくなる。 ● 職場のルールを守らなくなる。
背景にあるのは？	外傷性脳損傷、特に前頭葉の損傷で共通してみられる症状です。前頭側頭葉変性症では、初期の段階から脱抑制の症状がみられます。
対応のポイント	脱抑制は、本人は自分勝手な振る舞いをしているという自覚がなく、故意に規則を破ったり、わざと配慮を欠く行動をとったりするわけではないので、こちらが注意して改まる可能性は低いと考えましょう。周囲の人に、病気（認知症）のために自分勝手な行動をとることをあらかじめ説明して理解してもらうことが大切です。メマンチンや漢方薬の抑肝散などの服用で少し改善する可能性もあるので、医師に相談しましょう。

代金を支払わずに商品を持ち出そうとするような反社会的な行動も、本人には罪悪感がない。

帰宅願望

自宅にいるにもかかわらず「家に帰る」と主張したり、実際に身の回りのものをかばんに詰めて屋外に出ようとする行動を「帰宅願望」といいます。夕方の時間帯に出現することが多く、季節的には秋から冬にかけて多くみられます。帰りたい「家」が、現在住んでいる自宅ではなく、子どものころに両親と一緒に過ごした家族団欒（だんらん）の家や、子育てを頑張っていたころの家など、実際には存在しない過去の記憶のなかの家である場合には、帰宅を叶えてあげることは困難です。時間や場所の見当識障害に加えて、夕方になると「家に帰って早く食事の支度をしなくては……」とか「親が待っているので早く帰らなくては……」といった過去の意識（思い出）が高まることも影響していると考えられています。

本人にとって「帰りたい家」は子どものころに過ごした家の場合も。

症状の例	● 「娘が幼稚園から帰ってくるから、迎えに行かないと」と言って、**慌てて家へ帰ろうとする**。 ● 「仕事に行かなきゃ」と**会社へ行こう**とする。 ● 施設に入所しているのに**「主人が待っているから帰りたいの」**と言う。 ● **夕暮れになると、帰宅の準備を始める**。
背景にあるのは？	自宅や施設の環境に不満があるために、ほかの場所に移りたいと考えて「家に帰る」と主張するわけではなく、「夕暮れ症候群」といわれるように、認知症高齢者は一般に夕方になると落ち着きがなくなって、興奮する傾向があり、そこに時間や場所の見当識障害が加わって出現すると解釈することができます。
対応のポイント	帰宅願望は、その場で現状をよく説明してもなかなか納得しないことが多いので、話題をそらして帰宅願望を忘れることを期待するか、あるいは、本人の主張をいったん肯定して「それではお供します」や「途中までお送りします」と言って、屋外に出て散歩をすると、歩いているうちに帰宅願望を忘れて自宅や施設に戻ることができます。

徘徊

出かけようとする時には「実家に帰る」とか「知人宅を訪問する」などの目的があって自宅を出たものの、途中でその目的を忘れて歩き続けていることを「徘徊」といいます。若いころの記憶と現在の環境を混同して、遠く離れた他県にある実家を目指して歩き始めることもあり、目標地点に到達することは困難です。何時間も歩き続けることは珍しくなく、自宅から数十キロ離れた場所で保護されることもあり、徘徊した人の約1割は自宅を出た翌日に保護されています。徘徊などによる行方不明の認知症高齢者は届出数が毎年1万人を超えています。最近では徘徊を「ひとり歩き」ということもあります。

目的があって出かけたものの、歩いているうちに目的を忘れてしまう。

症状の例	● 屋外へ出ようとするところを止められ、**部屋へ戻ってもくり返し屋外に出ようとする**。 ● いったん屋外に出ると、**夜になっても何時間も歩き続ける**。 ● **介護者が目を離したすきに、巧みに屋外に出る**。 ● 施設の廊下を**休むことなく歩き続ける**。
背景にあるのは？	多くの場合、背景には記憶障害や見当識障害があると考えられています。歩き出した目的を忘れて、自分がどこにいるのか、家を出てから何時間経過したのかがわからなくなるので、結果として歩き続けるのです。
対応のポイント	徘徊にはそれぞれの理由や目的があるといわれますが、本人が歩き続けるうちに忘れてしまうので確かめることは困難です。また、家族の外出中や目を離したすきに屋外に出ることが多いので、家族の介護負担が増大します。興奮や焦燥を抑える薬剤を服用することで徘徊の頻度が減る可能性があります。GPS機能を利用する、衣服に名札をつける、地域の見守りネットワークを利用することなども対応策の1つです。

48

介護職が知っておきたい基礎知識「認知症」とは？

幻覚

実際には存在しない異常な感覚を体験・確信することを「幻覚」といいます。認知症の場合には、実在しない物体や人物が見える「幻視」が多く、現実にはない音や声が聞こえる「幻聴」は稀です。

現実には存在しない人物も、本人には明確に見える。

症状の例	● 家の中に子どもがいると訴える。 ● 目の前に小動物や昆虫が見える。 ● すでに死亡した親戚や知人がそばにいると訴える。 ● 部屋に誰かがいるような気がする。
背景にあるのは？	「幻視」はレビー小体型認知症や、パーキンソン病によくみられる症状です。本人にとっては、目の前にはっきりと幻視が見えているので、不安な状態です。
対応のポイント	幻視を訴えた時には、本人には見えているという前提で接します。本人の訴えを頭ごなしに否定せずに、「子どもは何人いますか？」とか「何色の服を着ていますか？」など、いったんは幻視の内容を共有して質問することで、本人は精神的に落ち着きます。レビー小体型認知症の幻視にはドネペジルが有効とされています。また薄暗い場所に幻視が出現することが多いので、部屋のレイアウトや照明の調整が役立つことがあります。

妄想

現実にはあり得ないことを確信して訂正が困難な状態を「妄想」といいます。誰かに悪口を言われていると主張する「被害妄想」、誰かに現金や貯金通帳を盗まれたと主張する「物盗られ妄想」、配偶者が浮気していると主張する「嫉妬妄想」、実際には家族の手厚い在宅介護を受けていながら、自分は家族に見捨てられて老人ホームに押し込まれると嘆く「見捨てられ妄想」などがあります。

自分がタンスに隠した財布を「盗まれた」と主張する。

症状の例	● 同じ施設の入所者のなかで特定の人物が自分の悪口を流布していると主張する(被害妄想)。 ● 自分のタンスのへそくりを長男の嫁が盗んだと主張する(物盗られ妄想)。 ● 近所の特定の人物が玄関の鉢植えを毎日盗むと主張する(物盗られ妄想)。 ● 妻がおしゃれして外出すると「誰かと浮気している」と邪推する(嫉妬妄想)。
背景にあるのは？	被害妄想は、記憶障害や判断力の低下に加えて、焦燥、不安、孤独感、人間関係の確執などが影響を及ぼして出現すると考えられています。嫉妬妄想は性的な欲求が満たされないことが引き金になって出現することがあります。
対応のポイント	本人の主張を頭ごなしに否定しないことが大切です。物盗られ妄想で、介護者が貯金通帳を盗んだ犯人ではないかと疑われた場合、いつものように本人が冷蔵庫の中に置いたことを知っていても、「それは困りますね」といったん受け止めます。そして、本人と一緒に貯金通帳を探す演技をして冷蔵庫に誘導、本人と一緒に貯金通帳を発見し、「見つかってよかったですね」と声をかけると安心につながります。少量の抗精神病薬の服用で妄想の頻度が少し減ることもあるので、医師に相談しましょう。

> **Part3 認知症の治療**

どうしたら認知症の症状を改善できる？

認知症の治療には、薬による「薬物療法」と、薬を使わない「非薬物療法」の2種類があります。加えて、認知症の発症や進行に関連する「危険因子の管理・治療」も重要です。薬物療法では、必要に応じて認知症治療薬が処方されますが、劇的に改善することは難しく、それ以外の治療も並行して行うことが大切です。特に高齢者の場合、高血圧や糖尿病などの合併症を持つ人は多く、内科治療は不可欠。介護者は日ごろから利用者の状態を観察し、異変があれば医療職に相談することが求められます。全身状態をよい状態に保つことが、認知機能の低下を防ぐことにもつながります。

認知症の治療

薬物療法

抗認知症薬（対症療法）
認知症の進行を遅らせたり、症状を和らげたりすることを目的にした治療薬。現在、4種類の薬があり、主にアルツハイマー型認知症に使用されます。

- アセチルコリンエステラーゼ阻害薬
  （神経伝達物質アセチルコリンの量を増やす）
  - ドネペジル（アリセプト、アリドネパッチ）
  - ガランタミン（レミニール）
  - リバスチグミン（イクセロンパッチ、リバスタッチパッチ）
- NMDA受容体拮抗薬
  （神経細胞を障害するNMDA受容体の過剰な活性を抑える）
  - メマンチン（メマリー）

疾患修飾薬（根本療法）
アルツハイマー型認知症などの原因物質に作用して、発症や進行を抑える作用が期待される治療薬を「疾患修飾薬」と呼びます。

- レカネマブ
- ドナネマブ

非薬物療法

- 家族・介護者の教育
- 運動療法、回想法、芸術療法など
- フォーマルサービス
  （介護保険など法律に基づく公的サービス）
- インフォーマルサービス
  （家族やボランティアによる地域の活動など、法律によらないサービス）

➡ p.55

危険因子の管理・治療

- 高血圧、糖尿病、脂質異常症などの生活習慣病
- 心房細動、鬱血性心不全などの心血管疾患や慢性腎臓病（CKD）などの疾患
- フレイル、サルコペニアなど
- 喫煙、過度の飲酒
- 頭部外傷、難聴、歯の欠損など
- 孤食、社会的孤立など

➡ p.51-54

進行が抑えられる？　抗アミロイドβ抗体薬への高まる期待

2023年以降、わが国でも、アルツハイマー病治療薬の「レカネマブ（薬剤名：レケンビ）」と「ドナネマブ（薬剤名：ケサンラ）」が相次いで保険適用され臨床の場で使われています。レカネマブとドナネマブはいずれも、アルツハイマー病で脳内に蓄積したアミロイドβを除去することで、病気の進行を抑制する効果が認められた薬剤で「抗アミロイドβ抗体薬」と呼ばれます。治療の適応は、PETあるいは脳脊髄液検査で脳内のアミロイドβの存在が確認された軽度認知障害（MCI）と軽度のアルツハイマー型認知症の患者で、レカネマブは2週間に1回、ドナネマブは4週間に1回の点滴静注を1年から1年半続けます。いずれの薬剤も、体重50kgの患者の場合に1年間の薬価は約300万円ですが、高額療養費制度の適用となり、自己負担額の上限が定められています。※2025年1月15日現在の情報をもとにしています。

認知機能の低下を防ぐために
危険因子の管理・治療

なぜ、危険因子の管理・治療が必要か

認知症の発症には、複数の危険因子がかかわっていると考えられています。最大のリスクである加齢や遺伝子などはどうにもなりませんが、生活習慣病や運動不足などの危険因子は対策ができます。生活習慣病などを適切に管理・治療を行うことで、認知症の発症リスクを低減させ、進行の抑制につながります。

リスクを減らして認知機能の低下を防ぐ

危険因子は、対策せずに放置すれば、認知機能低下が加速します。介護者は、まず危険因子にはどのようなものがあるかを知っておきましょう。そのうえで利用者の疾患や心身の状態を把握し、治療のための支援や生活習慣の見直しなど、リスクを減らすためにできることを考えましょう。

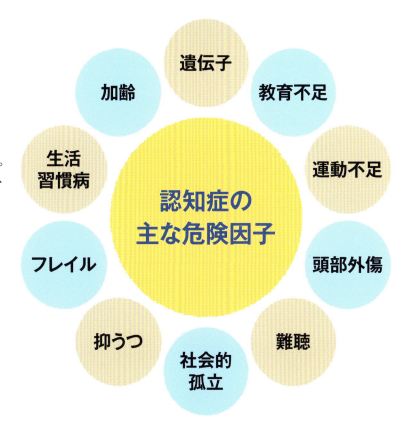

認知症の主な危険因子：遺伝子、加齢、教育不足、運動不足、頭部外傷、難聴、社会的孤立、抑うつ、フレイル、生活習慣病

リスク1　生活習慣病

認知症は 生活習慣病 と密接に関係している

高血圧、糖尿病、脂質異常症などの生活習慣病は認知症のリスクを高めます。運動不足やバランスの悪い食事など生活習慣を改善し、適切に治療をすることが認知機能の低下を防ぐうえでも非常に重要です。

高血圧では……
中年期から高血圧を放置すると、脳卒中や心臓病を起こしやすく、血管性認知症の原因や、アルツハイマー型認知症のリスクにもなります。血圧をしっかり管理すると発症リスクが軽減します。

糖尿病では……
糖尿病の人は、血管性認知症とアルツハイマー型認知症の発症リスクが高いので、しっかり治療することが必要ですが、重症の低血糖をくり返すと発症リスクは2倍近くに上昇することも知られています。

脂質異常症では……
中年期の高コレステロール血症は、動脈硬化に起因する血管性認知症のみならず、アルツハイマー型認知症のリスクになることが明らかにされています。スタチンという治療薬でコレステロールを管理すれば、発症リスクが約20％近く下がることが確認されています。

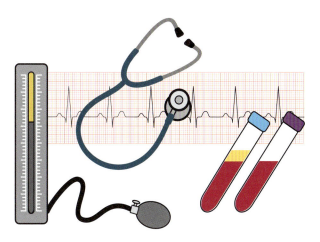

対応のポイント
中年期からの血圧の管理が大切ですが、高齢になってから高血圧の治療を始めても、認知症リスクが下がります。糖尿病では、血糖値を厳格に管理し過ぎると、低血糖を起こすことがあるので注意が必要です。最近では、高齢者の場合は血糖値をゆるくコントロールすることが推奨されています。脂質異常症は自覚症状がないため、放置されがちですが、治療を続けることが大事です。

リスク2　頭部外傷

頭を強打すると認知症リスクが高まる

頭を強くぶつけて意識を失うような頭部外傷を経験すると、アルツハイマー型認知症の発症リスクが高くなります。また、軽症の頭部外傷でも何度もくり返すことで、認知症を発症しやすくなります。高齢になると歩行が不安定で転倒が頭部外傷の原因になるため、注意が必要です。

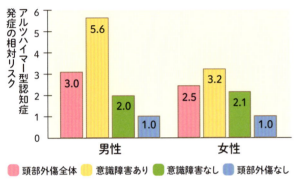

頭部外傷とアルツハイマー型認知症のリスク

男性：頭部外傷全体 3.0、意識障害あり 5.6、意識障害なし 2.0、頭部外傷なし 1.0
女性：頭部外傷全体 2.5、意識障害あり 3.2、意識障害なし 2.1、頭部外傷なし 1.0

Gou Z,et al.54:1316-1323,2000

頭部の外傷がたとえ軽度でも、何度もくり返すと認知症リスクが高まる。

重い頭部外傷を負うと、アルツハイマー型認知症になるリスクは外傷のない人と比べて、男性は5.6倍、女性は3.2倍にもなる。

対応のポイント
高齢になるほど転倒しやすく、頭部外傷を負う危険性は高まります。転倒を防ぐためには、環境の整備や下肢筋力を鍛えるなどの対策が重要です。

リスク3　難聴

軽度の難聴はリスクが2倍弱　高度なら5倍に

聞こえが悪くなると、日常の生活に不便が生じるだけではありません。難聴を放置すると、周囲とのコミュニケーションがとりにくく、物事全般に消極的になり、認知機能の低下にもつながります。耳からの情報で刺激を受け、脳の働きは活発化しますが、難聴になると情報量が少なくなり、認知機能低下の原因になります。

こんな問題が
- 話を正確に把握できず、**会話がおっくうになる。**
- **外出も、人に会うのも面倒になる。**
- ニュースが聞きとれず、ドラマが理解できない。そのため、**テレビやラジオに無関心になる。**
- **音楽への関心も薄れる。**

難聴になると会話がうまくつながらないために、コミュニケーションをとりづらくなる。

対応のポイント
難聴のために人との交流や会話を避けていては、社会とのつながりが絶たれてしまいます。難聴に気づいたら、早めに耳鼻科を受診するようにしましょう。補聴器をつけることで改善は可能です。

リスク4　フレイル

身体的機能だけでなく、認知機能も低下

フレイルとは、加齢により筋力や心身の活力が低下した状態。心身の問題のみならず、認知機能が低下しやすくなります。一方で、認知機能が低下すると、筋力や活動量も低下し、フレイルを招きやすくなり、これらは相互的に作用することがわかっています。身体的フレイルには下記の症状が含まれます。

身体的フレイルの主な症状
体重減少／サルコペニア／低栄養／オーラルフレイル／身体活動の低下／ロコモティブシンドローム／疲れやすさ

低栄養
低栄養のなかでも低アルブミン血症は、サルコペニアを招くだけでなく、免疫力の低下や認知機能の低下につながることが明らかにされているので、高齢になってもタンパク質をしっかり摂取することが大切です。

サルコペニア
筋肉量が減少し、筋力や身体機能が衰えた状態。特に下肢のサルコペニアが進行すると起居動作が不安定になり、歩行速度も遅くなり、わずかな段差でつまずいて転倒します。

ロコモティブシンドローム
筋肉や骨などの運動器の衰えによって、移動機能が低下した状態。進行すると歩行障害となり、その結果、ベッドで過ごす時間が増え、認知機能が低下する可能性もあります。

オーラルフレイル
口周りの筋肉が衰え、口腔機能が低下した状態。滑舌が悪くなり、食べこぼしやむせがみられます。また咀嚼機能の低下による栄養状態の悪化は、認知機能の低下につながります。

対応のポイント
ある調査では、フレイルと診断された高齢者はアルツハイマー型認知症のリスクが4.5倍、血管性認知症は5.6倍でした。痩せ過ぎは禁物。低栄養に気をつけ、運動習慣をつけることが大事です。

リスク5　孤食

孤食は低栄養・抑うつ傾向になりやすい

1人で食事を摂る高齢者は、簡単に済ませようと回数が減り、栄養も偏りがちで低栄養に陥りやすくなります。また、会話をしながら複数人で摂る共食に比べ、侘しさを感じる孤食は抑うつになりやすいというデータも。低栄養、抑うつのいずれも認知機能の低下につながります。

1人で摂る食事は、品数が少なめで栄養のバランスも崩れがちになる。

高齢者の孤食と抑うつの関係

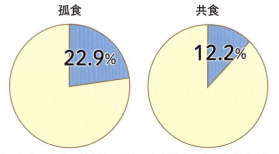

孤食 22.9%　共食 12.2%

抑うつになった人の割合は、孤食の人が共食の人の2倍近く多い。
Kimura Y,et al.jNuti Health Aging,16:728-31,2012

対応のポイント
独居の場合のみならず、家族と一緒に暮らしていても、活動時間の違いから孤食の人は少なくありません。デイサービスやショートステイで、食事の時に介護者から声をかけてもらったり、ほかの利用者と一緒に食事をしたりすることは、孤食の改善につながります。

リスク6 社会的孤立

社会とのつながりが希薄になると 心身機能が衰える

家族以外の人との会話や交流の機会が減って、引きこもり、社会とのつながりが乏しくなることは、社会的フレイルともいわれ、認知機能の低下を助長すると考えられています。外出の頻度が低いことは認知機能低下の大きなリスクです。さらに親戚や知人との交流や近所づき合いが少ないことも、認知機能低下のリスクと考えられています。

引きこもりがちになり、他者との交流が少なくなると、認知機能も低下する。

外出の頻度と認知症リスク
※認知機能障害のない高齢者を2年間追跡

外出頻度	リスク
1日1回以上	1.0
2〜3日に1回	1.58
週1回以下	3.49

外出頻度が1日1回以上の人に比べて、週1回以下の人は、認知症の発症リスクが約3.5倍高くなる。

老人研NEWS Vol.219、2007

対応のポイント

社会的孤立は、認知機能低下の大きな要因。引きこもりがちな人には外出機会を増やすように働きかけをし、施設の中で孤立しがちな人には、ほかの利用者と交流できる機会をつくるようにするといいでしょう。

リスク7 歯の欠損

歯の本数が少なくなると 認知機能にも影響 する

歯が22本以上残っている人に比べ、10本以下の人は約20倍も認知機能が低下しやすくなります。歯を失い、咀嚼能力が弱まると、脳の認知領域への刺激も少なくなるためです。また、食べづらさから低栄養になることも。さらに、歯を失う最大の原因の歯周病は、糖尿病を悪化させるともいわれています。

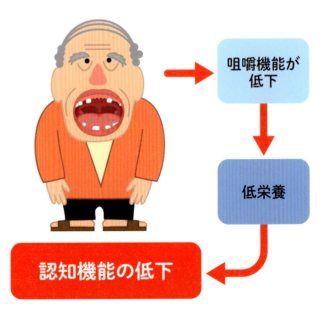

歯の本数が少ないと、咀嚼機能の低下から食事が摂りづらくなり、その結果、認知機能の低下につながることも。

高齢者の残存歯数と認知機能
認知機能低下（MMSE*＜24/30点）のリスク

残存歯数（本）	認知機能低下の相対的リスク
22-32	1.00
11-21	3.50
0-10	20.21

※MMSE（ミニメンタルステート検査）は認知機能検査の1つ

Saito Y, et al. Annals of General Psychiatry 12: 20, 2013

対応のポイント

認知機能を保つには、できるだけ自分の歯を維持すること。そのためには、口腔ケアを行うことが大事です。歯を失っていても、義歯を入れれば噛む力は保てます。かかりつけの歯科などで、定期的なチェックをしてもらうようにしましょう。

介護職が知っておきたい基礎知識「認知症」とは？

＼周囲の人の支援も重要／
非薬物療法

非薬物療法で、最も効果が期待できるのは、介護者教育と介護者のストレスマネジメントです。BPSDは家族を含めた環境に強く影響されるので、認知症の当事者とその家族のあいだの関係を良好に保つことが肝心です。さらに認知機能の維持と生活の質（QOL）を保つために、本人の機能や能力、ニーズに合った運動や作業・活動を提供することが大切です。下記に代表的なものを紹介します。

運動療法

運動によって、筋力の増強、関節の動きの改善など身体機能の向上に加えて、達成感や充実感など心理的な効果も得られます。運動内容は利用者の能力や目的に合わせて選択。ボールなどを用い、レクリエーション要素を取り入れることもあります。特に、普段と違った動作や複数の動作を同時に行う運動は、認知症の発症予防・進行抑制に効果があることが認められています。

効果
- 筋力がつくことで**日常生活動作が改善**し、**自分でできることが増える**。
- **運動・認知機能への効果**のほか、心肺機能の向上や血流改善など**身体機能への効果**もある。
- **ストレス解消とリラックス効果**が得られる。

芸術療法

音楽やぬり絵、陶芸などの表現活動を通じて、脳を活性化させ、精神を安定させることがねらいです。絵画や陶芸などで完成した作品のできばえを周囲の人から褒められることは、モチベーションの発揚につながります。また、コーラスや楽器演奏のアンサンブルなどは、適度な緊張感に加えて連帯感や達成感を経験することで、脳の活性化につながると考えられています。特に楽器の演奏は、記憶や計算能力を維持することに効果があると報告されています。

社会参加・社会ネットワーク

社会とのつながりを持ち続けることは、認知機能の低下を防ぐために大切です。近隣住民や友人とのつき合いの少ない人は、認知症リスクが高いという調査結果もあります。例えば、同じ趣味を持つ友人を見つける、住んでいる地域の活動に参加するなども社会参加の1つです。介護者は、利用者が社会と積極的に交流を持つことができるよう、働きかけることが大切です。

回想法

「回想法」は、懐かしい写真や当時の物品などを見せて、若いころの思い出を共感を持って肯定的に聞くことで、心の安定と脳の活性化を図る心理療法です。遠隔記憶が蘇るだけでなく、自己肯定感が高まり、最近の近時記憶や発動性も改善する効果が期待されます。

効果
- 穏やかな気持ちになり、**過去の自信を取り戻す**ことができる。
- 自分の話を聞いてもらうことで、**自己肯定感が得られる**。
- 安心感や連帯感が高まり、**BPSDの症状緩和**につながる。

認知作業療法

調理や手芸、趣味の活動など、リハビリ効果のある作業をしながら、認知機能の改善を目指す療法。
※同じく脳に働きかける方法に、五感を刺激して認知機能の改善を図る「認知刺激療法」があります。

効果
- 生活に密着した作業なので、**ストレスが少ない**。
- 目的が明確で、成果もわかりやすいため、**意欲につながる**。
- **できなくなっていた趣味が復活**した例もある。

介護者・家族の正しい接し方

非薬物療法では、「家族の支援」が最良の治療法といえます。利用者の尊厳に配慮した肯定的な対応は、よりよい人間関係を構築して心の安定をもたらし、症状の緩和につながります。これは施設スタッフなど介護者にもいえること。よりよいかかわり方をするためにも正しい接し方を学ぶことが大変重要です。

認知症の人を尊重するかかわり方の例
- **常に肯定的な言葉づかいを心がけ、肯定的な態度で接する。**
- **失敗につながるような要求**はしない。
- **「病気に負けるな」といったプレッシャー**になる言葉をかけない。

長田先生からのメッセージ

認知症になっていても、進行を遅らせるためにできることはたくさんあります。社会とのつながりを持ち、いろいろなことに関心を持って、できることに取り組むことはとても重要です。また、施設で行う体操などの運動や手先を動かす活動、歌唱などレクリエーション活動も役立ちます。その際、できるだけ、利用者をほめることがポイントです。意欲を高める声かけは、活動を継続する原動力になり、それが認知症の進行を遅らせることにもつながります。

注目の認知症ケア

心地よい刺激が心身の緊張を解きほぐす
「認知症マフ」

イギリスの大学病院などで認知症高齢者のケアに利用されている「Twiddle Muff」(トゥイドル マフ)(認知症マフ)。色鮮やかな毛糸で編まれ、さまざまな飾りのついたマフに触れることで、認知症の人の触覚や視覚を適度に刺激し、安心感をもたらします。日本の医療・介護現場でも、認知症ケアの1つとして活用が広がっています。

「認知症マフ」ってどんなもの？

マフとは、もともとは筒状の防寒具のこと。そのマフの内外に、編みぐるみや毛糸玉、リボンなどのアクセサリーを縫いつけたものが「認知症マフ」です。マフの中に片方の手あるいは両手を入れて、温もりや触感を楽しみます。認知症の人は、不安やストレスから、落ち着かなくなることがありますが、マフについたアクセサリーを握ることで心身の緊張が解かれ、安心感が得られます。また、ベッド柵や点滴の管などを握りしめる反応のある人は、それがなくなり、介助がスムーズになるといった効果も。さらに、マフを介して声かけやふれあいが増え、利用者と介護者とのコミュニケーションが活発になる傾向など、さまざまな効果が報告されています。

協力：介護老人保健施設 三方原ベテルホーム・一歩の会

こんな人に活用を

1. 触ることによる **心地よい刺激を好まれる人**
2. 視力の低下など、**外部からの感覚刺激の少ない人**
3. 重度認知症や脳血管疾患に伴う **高次脳機能障害を有する患者**、特に前頭葉機能低下による強制把握などにより、**目についたものをつかむ傾向のある人**
4. **ミトン型拘束帯使用の人**

活用にあたって、介護者は利用者とコミュニケーションをとりつつ、反応を見ながら見守る必要があります。

「マフ、暖かいわね」
「Aさんの手も温かいですね」

帰宅願望のあるAさんにマフの使用を働きかける場面。マフの中で手を握り合い、声をかけるうちにAさんもマフのカエルや虹について話し始め、最後は皆で一緒に「かえるの合唱」を歌った。

協力：ナーシングホーム気の里・ケアマフを編む会

認知症マフを作るには……

認知症マフは、既製品ではなく、スタッフやボランティアグループが手作りするのが一般的。本人の好きなデザインだとさらに喜ばれ、過去の記憶が呼び起こされることもあります。右のポイントで手作りしてみませんか？

- 本人に **色・手触り・アクセサリーの好み** を聞いて、デザインを考える。
- マフ本体は筒の直径が15cm、長さが25～40cm、アクセサリーを留める紐の長さは20cm以内が **安全に使用できる適正サイズ**。
- マフ本体は毛糸のほか、布地でも制作可能。**柔らかい手触りのものが好まれる**。

認知症の人も介護者も笑顔に

認知症マフの普及活動を進める
浜松医科大学 臨床看護学講座
教授 鈴木みずえ

認知症マフを制作する際は、本人の過去の趣味や仕事に関係した、具体的なキーワードをアクセサリーにすることが有効です。例えば、野球のボールやユニフォーム、ペットの動物など。介護を嫌がっていた人も笑顔でコミュニケーションができるようになったという報告がよく聞かれます。スタッフ自身もマフに癒やされ、利用者に笑顔で接することができるようになったという人が多いようです。

※国内では、朝日新聞厚生文化事業団が最初に認知症マフを紹介しました。「認知症マフを作ろう！」https://twiddlemuff.jp/
※認知症マフの活用については、「Twiddle Muff（認知症マフ）活用ケアガイド ver.2」（制作：浜松医科大学）を必ずご覧ください。https://onl.tw/6ihdZNT

認知症をもっと知って「ケア」に生かそう❷

「なぜ？」がわかると ケア が変わる
認知症の人の世界を知ろう

認知症の人に対して「説明しても理解してもらえない」「何を考えているかわからない」と感じ、ケアが難しいと思ったことはないでしょうか。その原因は認知症の人の世界と介護者など認知症でない人の世界に、小さなズレが生じているからです。そのズレを理解することでケアのヒントが見つかります。認知症の人の世界を知るところから始めてみましょう。

監修 川畑 智
理学療法士。株式会社Re学代表。熊本県を拠点に、病院や施設における認知症予防や認知症ケアの実践に取り組む。自治体の認知症予防モデル事業プログラムの開発責任者を務めてきた幅広い経験から、年間200回を超える講演活動を行うなど、介護予防に関する普及啓発活動にも力を入れている。2017年には認知症の人とその家族を支える新しい認定資格「ブレインマネージャー」を創設。著書に『マンガでわかる！認知症の人が見ている世界』（文響社）など。

＼ こんなお悩みはありませんか？ ／

話を聞いてもらえない

何度も同じことを言われる

認知症の人の世界を知れば、ケアのヒントが見つかります！

認知症の人の世界とは？

「認知症の人の世界」と「認知症でない人の世界」には、どのようなギャップがあるのでしょうか。
それを理解することから始めてみましょう。

認知症の人は、常に不安やいらだちを抱えながら生きている

認知症になり記憶することが苦手になると、「次はどうすればいいんだろう」「今日が何日なのかわからない」といった、あいまいで不確かな世界に身を置くことになります。認知症になったからといって何もわからなくなるわけではなく、本人は早い段階から「何かがおかしい」と不安を感じています。認知症の症状によって以前できたことができなくなると、自信を喪失するだけでなく、周囲に責められることが増えて自尊心も傷つきます。認知症の人は、このような不安やいらだちを抱えた状態で日々を過ごしています。

- 自分はまだ大丈夫だと信じたい
- 人前で失敗したくない
- 周囲に迷惑をかけたくない
- 人の世話になってばかりで情けない
- 自分は無価値なのだろうか
- できないことが増えていくことがつらい
- 何もかもわからなくなるのだろうか
- 思いをうまく伝えられない
- 気持ちをわかってもらえない
- 自分が自分でなくなっていくような気がする
- 自分はここにいていいのだろうか

ケアのヒント　安心して過ごせる時間を増やすことが大切

認知症が進行しても、豊かな感情やその人らしさは残っています。不安に寄り添い、適切な接し方やサポートをすれば、安心して穏やかに生活することができます。そうなれば、認知症の人だけでなく、ケアする側の負担も軽くなります。

「なぜ？」がわかるとケアが変わる 認知症の人の世界を知ろう

認知症の人の世界を想像してみよう

中核症状に起因するケースから認知症の人の世界を知る

認知症の人は、認知症でない人には理解しづらい言動をとることがありますが、一見不可解に思える言動も本人が懸命に考えた結果であり、そこには意味や理由が存在します。

ここでは、認知症の中核症状である記憶障害、見当識障害、実行機能障害などに起因する、介護現場でよくあるケースを例に、認知症の人の世界を想像することで見えてくる対応例を紹介します。

> 認知症の「中核症状」は脳の機能低下により起こる症状で、誰にでも現れる可能性があります。ただし、症状の現れ方には個人差があり、適切な対応も人によって異なります。認知症の症状には波があり、日や時間によっても変化します。本人の様子を注意深く見たり、直接話を聞いたりしながら、1つひとつのケースごとに考えることが大切です。

ケース1　記憶障害
同じことを何度も聞く

利用者のAさんが「病院に行くのはいつ？」と聞いてきたので、「今日の午後ですよ」と答えました。その後も5分おきに「病院に行くのはいつ？」と聞いてきます。

認知症の人の世界
覚えていたいから、何度も確認したくなります

認知症になると覚えることが苦手になるため、本人は常に忘れることへの不安を抱えています。そのため、「ちゃんと覚えていたい」「迷惑をかけたくない」と思い、人一倍記憶することを頑張っています。同じことを何度も聞くのは「忘れることへの不安」があるからで、「覚えておこう」と一生懸命だからこそ起こることです。

介護者はその気持ちに寄り添い、何度でも初めて伝えるように説明しましょう。説明の言い回しを変えたり、「私も覚えておくから大丈夫ですよ」といった声かけをしたりすると安心し、落ち着くこともあります。

ケース ② 見当識障害
夕方になると「帰りたい」と言う

利用者のBさんは、夕方になるとよく「家に帰りたい」と言い出します。理由を聞くと「子どもが帰ってくるから」「夕飯を作らなきゃいけないから」と答えますが、Bさんの子どもたちは独立し、現在は一人暮らしです。

認知症の人の世界
過去の世界に戻っていることがあります

見当識障害が起こると、今いる時間や場所の認識があいまいになり、過去の自分に戻ってしまうことがあります。特に、女性は子育て中のころ、男性は働き盛りのころを「今」と認識していることが少なくありません。元気で充実していたころに戻ってしまうのは、認知症による不安を解消するためではないかと考えられています。

Bさんのケースも、20〜30代のころに戻り、幼い子どもへの心配から「帰りたい」と考えていると想像できます。まずは安心してもらえるように、笑顔で話を聞きましょう。

ケース ③ 見当識障害　視空間認知障害
家族の顔がわからない

利用者のCさんの息子が面会に来ましたが、Cさんは「どちら様でしょうか」と不思議そうにしています。息子と名乗っても納得していないようです。

認知症の人の世界
視覚情報と記憶を結びつけられなくなっています

視覚を司る後頭葉の衰えにより人の顔を見分けるのが苦手になると、声や体格、服装、話し方など全体的な雰囲気で相手が誰かを判断するようになります。この時、ケース②のように見当識障害により過去の世界に戻っていると、「息子の顔」という視覚情報を、自分の記憶と結びつけられなくなることがあります。自分を30代だと思っている場合、Cさんのなかで「息子は中学生」なので、息子だと名乗られてもつながりません。服装や雰囲気から「会社の人かもしれない」などと推測したのでしょう。

この場合、間違いを正そうとすると困惑して不安が増してしまうことがあります。一時的に話を合わせることも、安心してもらうための1つの方法です。

ケース4　判断力の低下
介護者が理解できないことを行おうとする

利用者のDさんが、「お茶を飲みたいからハサミを貸してほしい」と言い、ペットボトルを持ってきました。なぜ飲み物を飲むのにハサミが必要なのかを聞いても答えてくれません。

認知症の人の世界
「なんとかしたい」と本人なりに懸命に考えた結果です

　Dさんがハサミを欲しがった理由は、ペットボトルのふたを開けたかったから。喉が渇いたDさんは、持参したペットボトルのお茶を飲もうとしましたが、握力の衰えによりふたを開けることができません。そこで、「手で開けられないならハサミを使おう」と思い至りました。袋などを開ける時にハサミを使うことから、ピンときたのでしょう。人に迷惑をかけず自分で解決したいという思いから、懸命に考えて導き出した解決策でした。
　このように、合理的でない言動にも本人なりの理由があると考え、否定することなく寄り添うことが大切です。その上で、周囲の状況や本人の性格などを踏まえて、利用者が求めているものを探っていけるとよいでしょう。

ケース5　実行機能障害
1人で用を足すことができない

利用者のEさんはトイレに1人で行きたがるのですが、最近はお尻をペーパーで拭いていなかったり、ズボンをうまく下げられなかったり、水を流し忘れたりと、うまくいかないことが増えてきました。

認知症の人の世界
いくつかの手順が必要な行動が苦手になっているのかもしれません

　トイレで用を足すには、「衣服を下ろして便座に座る」「用を足す」「ペーパーで拭く」「水を流す」「衣服を上げる」といった工程があります。実行機能障害が起こると、段取りや手順が苦手になり、このような一連の流れを行うことが難しくなります。
　当たり前にできていたことができなくなるのは本人にとってつらいもの。ましてやトイレの失敗は自尊心が傷つく大変ショックなことです。介護者が汚れたトイレを見て苦い顔をすると、利用者をさらに不安にさせます。「すぐにきれいにしますね」など、自尊心を傷つけない声かけを心がけましょう。また、本人の苦手になっていることを見極め、自信を失わないような声かけでさりげなくサポートすることで失敗を防いでいきましょう。

| ケース 6 | 失行 |

服の選び方が適切でない

デイサービスを利用しているFさんの送迎に向かうと、Fさんは孫が着ていた体操着を着て待っていました。真冬にもかかわらず、半袖の体操着を着ていることが増えたのですが、理由がわかりません。

認知症の人の世界
着やすい服を選んでいるのかもしれません

　身につけたはずの動作がうまくできなくなる失行が起こると、服の前後や上下を見分けるのが困難になったり、着る手順がわからなくなったりします。Fさんは服の前後を見分けるのが苦手になった結果、前後がわかりやすい孫の体操着を手にとるようになりました。"ゼッケンがついている方が前"なので、着る時に迷わずに済むからです。

　この場合、あらかじめ前後がわかりやすい服を用意しておくなどの対策をとることができます。着替えてもらいたい場合は、無理に着替えさせるのではなく、「こっちのほうが似合いますよ」などという声かけで勧めてみるようにしましょう。

| ケース 7 | 失認 |

スプーンを見つめたまま食べようとしない

利用者のGさんに食事を提供しましたが、手をつけようとしません。いつもはスプーンを持ってもらうと食べ始めるのですが、今日はスプーンをじっと見つめているだけです。食べ方がわからないのかと思い、「すくって食べるんですよ」と声かけをしても、食べ始めません。

認知症の人の世界
スプーンが何か、認識できないのかもしれません

　Gさんは失認により、スプーンを見ても、それが何かわからなくなっていると考えられます。また、言葉の理解も難しくなっているため、「すくって食べる」という説明が伝わらなかったのでしょう。

　この場合、介護者がスプーンを使って食べる様子を見せることで、自分で食事が摂れるようになることがあります。ほかにも、スプーンの持ち方がわからない、食事が食べ物に見えない、など様々な原因が考えられます。ジェスチャーといった言葉以外の方法も用いながら、原因がどこにあるのかを想像しましょう。

「なぜ？」がわかるとケアが変わる 認知症の人の世界を知ろう

ケース8 　失語
説明しても理解してもらえない

利用者のHさんは手先が器用で制作レクリエーションを好んでいましたが、このごろは手順を説明しても理解してもらえません。Hさんは次第に制作に参加したがらなくなりました。

認知症の人の世界
言葉がうまく聞き取れず、不安に思っています

　失語の症状は、話を理解することが苦手になるだけでなく、人の言葉が早送りのようにつながって聞こえるといわれています。まるで早口の外国語で話しかけられているように周囲の言葉が理解できないという状況に、Hさんは不安を募らせて意欲を失ったのでしょう。
　認知症の人に話を伝える時は、わかりやすい単語を用いてゆっくりと話し、不安を感じさせないように笑顔で話すことが大切です。また、認知症の人はなんとか話を聞こうと会話に集中しているため、認知症でない人に比べて疲れやすいことにも注意しましょう。

ケース9 　失語
言葉が思うように出てこない

利用者のIさんがしきりに何かを探しているので、介護者は「何か探しているのですか？」と尋ねました。すると、「アレ」「拭くやつ」などと答えてはくれますが、それが何を指しているのかわかりません。

認知症の人の世界
うまく伝えられないことをもどかしく思っています

　失語により、言葉を聞いたり話したり、文字を書いたりすることが苦手になると、伝えたいことをうまく言葉にできなくなります。「アレ」「ソレ」といった代名詞が増えたり、「書くやつ」「切るやつ」などと言ったり、「ミカン」を「ミンカ」と言ったりするのは、なんとか伝えようと頑張っている証拠です。
　この場合、表情や身振り手振り、状況などをヒントに何を探しているのかを一緒に考えてみましょう。本人は、言葉にできないもどかしさや、わかってもらえない寂しさを抱えています。早く見つけることよりも、不安な気持ちを共有することを優先しましょう。

認知症の人の世界を知って
コミュニケーションを変えよう！

p.57〜63で紹介したように、認知症の人と認知症でない私たちの世界にはギャップがあります。認知症の人とコミュニケーションをとる時には、このギャップを埋めるための工夫が必要になります。

認知症の人の世界は……

日ごろから多くの不安を抱えている認知症の人は、「覚えておかなくては」「人に迷惑をかけないようにしなくては」と考え、自分と向き合っている時間が多くなります。**常に自分自身と話している状態で、注意・集中を向ける範囲が狭くなっています。**

声をかける時

いきなり声をかけられても注意を向けづらい

「なぜ？」がわかるとケアが変わる 認知症の人の世界を知ろう

認知症の人に合わせて コミュニケーション を 変えよう

認知症の人に話しかけても聞こえていない場合があるのは、常に集中して考え事をしている状態のため。まずは利用者に介護者へ注意を向けてもらい、話を聞く態勢を整えてもらうところからスタートする必要があります。聴覚だけでなく、視覚にもアプローチし、「あなたの近くに私がいますよ」というアプローチ "プレコミュニケーション" を行いましょう。

プレコミュニケーションの流れ

① 相手の視界に入る
存在に気づいてもらうために、本人の視界にゆっくりと入ります。

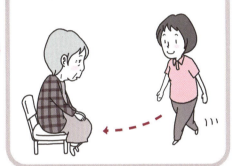

② 手を振る
軽く手を振るなどして視覚を刺激し、利用者に注意を向けてもらえるようにします。この時、「手を振る」と「声をかける」を同時に行わないようにします。

Point 「動作」が先、「言葉」があと
認知症の人は一度に2つのことを理解することが苦手なため、動作と言葉かけは別々に行います。「動作→言葉」の順にすることで、認知症の人に伝わりやすくなります。

③ 気づいてくれたら「あら！」と言う
相手が気づいてくれたタイミングで、しっかりと目を合わせて「あら！」と言います。これによって、介護者と利用者が同じタイミングでお互いに気づいたことを表します。「気づき」を合わせることで、これから会話がスタートすることがわかりやすくなります。
また、「自分だけが気づいていなかった」と利用者が不安になることを防ぎます。

あら！

④ 「○○さん」と呼びかける
名前を呼びかけることで、ほかでもない「あなた」に話しかけていることを伝えます。名前を呼ぶことは「自分の存在をわかってくれている」「認めてくれている」という安心感にもつながります。

○○さん

こんな対応は ✕

認知症のあるなしにかかわらず、人は考え事の最中に急に声をかけられると驚くもの。次のような行動は認知症の人を不安にさせてしまうので避けましょう。
- 利用者の背後から不用意に話しかける
- 利用者に大きな声で何度も話しかける
- 気づいてもらおうと、突然利用者の肩をたたく

話をする時

認知症の人の世界は……
認知症の人は会話が「早送り」のように聞こえるといわれています。同時に、近時記憶が苦手になるため、言われたことを覚えておくのが難しくなります。

認知症の人に合わせて コミュニケーション を 変えよう

認知症の人は**症状として聞き取りや言葉の理解が苦手**になります。
ゆっくり話すだけでなく、認知症の人に合った言葉選びや
非言語のアプローチが重要です。

わかりやすい単語を使う
わかりやすく具体的な言葉を選びます。同じ意味でも、「トイレ」「便所」「おしっこ」など利用者によって理解しやすい単語が異なる場合があるため、それぞれに合った単語を選びましょう。

目線を合わせ続ける
利用者の注意を介護者に向け続けてもらうために、目線を合わせて話します。目線は相手の高さに合わせましょう。ただし、見つめ過ぎるとプレッシャーにもなるので、時々自然にそらすようにします。

優しく豊かな表情で
認知症の人は言葉の理解が難しくなる反面、相手の表情や雰囲気、口調などに敏感になります。介護者が穏やかにほほえみながら話すことで、言われたことを理解できない場合でも、利用者に安心感を持ってもらうことができます。反対に不審な表情を見せると、不安や不信感につながります。

2～3語の短い言葉でゆっくり、はっきりと話す
話す時は
① 1文あたり2～3語を目安に
② 重要なことだけに言葉を絞る
③ 句点（。）と読点（、）を意識する
④ ゆっくり、はっきりと話す

こんな話し方は ✕
丁寧な言葉であっても、長い文章で一方的に話しかけるような場合は、認知症の人を不安にさせてしまいます。また、「大丈夫ですか?」「どうしました?」などのあいまいな言葉かけは避けます。言葉の意味がわからず、かえって不安にさせてしまう場合があります。

「なぜ？」がわかるとケアが変わる **認知症の人の世界を知ろう**

ジェスチャーで、手続き記憶にアプローチする

認知症の症状には近時記憶が苦手になることがありますが、**損なわれにくい記憶**もあります。その1つが、**体に染みついた日常動作などの「手続き記憶」**。ジェスチャーを使って手続き記憶にアプローチすることで、言葉だけでは伝わらなかったものを理解してもらえることがあります。

同様に、**昔の記憶である「遠隔記憶」**や、喜怒哀楽にまつわる**「感情記憶」も維持されやすい**といわれています。コミュニケーションのなかでこれらの記憶にアプローチすることが、認知症の人の理解を助けます。

ジェスチャーを活用する

具体的な単語を使っても、認知症の人のなかで意味と結びつかない場合があります。その場合はジェスチャーを活用しましょう。「言葉」だけでは意味を思い出すことができなくても、「動作」を見ることで思い出すことがあります。この時も動作と言葉かけは同時に行わず、動作のあとに言葉かけをするようにします。

それぞれの利用者に合ったジェスチャーを共有しましょう

伝わりやすいジェスチャーは利用者によって違います。例えば「お風呂」のジェスチャーを行うとしても、体を洗う動作や湯をかける動作など、様々なジェスチャーが考えられます。洗う順番も、頭から洗う人、腕から洗う人など人それぞれのため、利用者によって「最も伝わりやすいジェスチャー」は異なります。利用者にジェスチャーが伝わりづらかった時は、介護者間で情報交換し、利用者にとってよりよいジェスチャーを見つけましょう。

話を聞く時

認知症の人の世界は……
認知症の人は「失語」の症状のため、頭の中から言葉が出てこないことがあります。

認知症の人に合わせて コミュニケーション を 変えよう

業務で忙しい日々のなかで、**最も難しい行為が話を聞くこと**でしょう。認知症の人が「あれ」「それ」と代名詞を使ったり、身振り、手振りを交えたりしながらも話しかけてくるのは、意思を伝えたいと必死になっているからです。また、何度も同じ会話をくり返すのは、自分の話が相手に伝わっているか**不安だからかもしれません**。

うなずく、相づちを打つ

うなずきや相づちは「あなたの話を聞いていますよ」というサイン。話を聞く際の最も基本的なリアクションです。その際、気持ちに寄り添う姿勢を持ち、相手の話すスピードや雰囲気に合ったうなずきをし、表情も合わせましょう。

表情

利用者が楽しそうなら介護者も笑顔で。深刻な表情なら、心配するように。

うなずきのテンポ

利用者がゆっくりと話しているなら、うなずきもゆっくりと。せかせかと話しているなら速めに。

オウム返しや要約をする

相手の言葉をくり返すオウム返しや、相手の言ったことをまとめて言語化し直す要約は、「あなたの言ったことを受け止めましたよ」というサイン。これらを行うことで、認知症の人は「共感してもらえた」という安心感を持つことができます。

オウム返し

利用者からの質問に「そうですよ／まだですよ」とすぐに答えを返すのではなく、一度言葉をくり返して確認を挟むことで、相手への気遣いを示します。

要約

要約をすることで、利用者自身が思いをまとめる時間をつくり、「受け止めてもらった」と感じてもらいます。

「なぜ?」がわかるとケアが変わる **認知症の人の世界を知ろう**

ほめる

相手をほめることで、認知症の人の「嬉しい」「よかった」「安心できる」といったプラスの感情に働きかけます。「感情記憶」に残るような心を揺さぶるメッセージを入れることで、会話したことが認知症の人の記憶に残りやすくなります。

会話のなかに自然と盛り込めるように、声に出す練習をしておきましょう

ケアのヒント
付き添いではなく「寄り添い」を

相手に寄り添うとは、「時間、場所、気持ち」を同じにすることをいいます。ただ話を聞くのではなく、しっかりと耳を傾け、同じ気持ちになることで、人は安心感を得ることができます。認知症の人に対して、介護者は常に寄り添いを心がけることが大切です。

介護サービスで大事なことは、ただ決められたサービスを提供することではなく、「いかにその人を幸せにするか。安心や喜びを提供できるか」です。利用者は「レクリエーションがあるから」「食事が提供されるから」「湯船に浸かれるから」安心するのではなく、その時に寄り添ってくれる人がいてくれるから、安心感や満足感が得られるのです。忙しい日々の業務のなかでも、「急がば回れ」。寄り添う時間を惜しまないようにしたいですね。

2つの会話を比べてみよう

p.68〜69で紹介したポイントを踏まえて、認知症の利用者Aさんとスタッフの会話の例を見てみましょう。2つの会話について、どう感じるでしょうか。

会話 ①

Aさん:「あの、家に帰りたいんだけど」

スタッフ:「まだ帰れませんよ」

〜その後〜

Aさん:「家に帰りたいんだけど」

Aさんの言葉に対してスタッフが答えを返し、会話はすぐに終了しました。しかし**「帰れない」という事実を伝えるだけではAさんの「家に帰りたい」という願望は解消されません**。Aさんが同じ訴えをくり返すのは、認知症の症状によって**会話を忘れているからではなく、Aさんのなかに強い不安が残っている**ためです。

Aさんの言葉に、**丁寧に相づちとオウム返しをしながら、プラスの感情に働きかけ**ています。Aさんの「家に帰りたい」の訴えの理由を探り、共感して話を聞くことでAさんの安心を引き出しています。会話①に比べて時間はかかりますが、安心することができたAさんは、落ち着いて過ごせるようになりました。

会話 ②

Aさん:「あの、家に帰りたいんだけど」

スタッフ:「**あら、家に帰りたいんですか?**」

Aさん:「そうなの。息子が待ってるからね、ご飯作ってあげないと」

スタッフ:「そうなんですね。教えてくれて、ありがとうございます。**Aさんは、息子さんが帰ってくるから、心配なんですね**」

Aさん:「そうなの」

スタッフ:「息子さんのこと、大切にされてるんですね。**優しいですね。**では、息子さん、何時ごろに帰るか、確認しておきますね」

〜その後〜

スタッフ:「Aさん、息子さん、今日、外で食べると言ってましたよ」

Aさん:「あらそうなの。じゃあ大丈夫ね」

ケアのヒント

介護者自身の気持ちも整えよう

誰でも「家で嫌なことがあった」「通勤電車が遅れて遅刻しそうになった」など、日常のなかでイライラや不安などを抱えてしまうことはあります。気をつけたいのは、それをケアの現場に持ち込んでしまうことです。そのまま業務にあたると、利用者に寄り添う心の余裕が持てなくなり、無意識にきつい言葉をかけたり、表情が乏しくなったりするかもしれません。

利用者と接する際は、「今から私はケアを始めるんだ」「今からレクリエーションに集中するんだ」と、自分がこれから何をするかに意識を集中させ、心を落ち着かせる時間を持ちましょう。

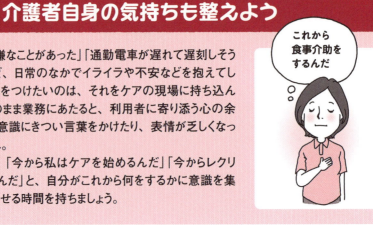

「なぜ？」がわかるとケアが変わる **認知症の人の世界を知ろう**

認知症の人に**よりよいケア**を提供するために大切なこと

1人で頑張ろうとしていませんか？

誰でもうまくいかない時はありますが、そんな時に「自分でなんとかしなきゃ」と無理をすると、かえって状況が悪化することがあります。感情と結びついた記憶は認知症の人のなかに残りやすく、マイナスの感情はその後のケアに影響をおよぼすこともあります。介護者自身が疲弊することを防ぐためにも、「チームで利用者を守る」という意識が重要になります。

よりよいケアを提供するために 1

うまくいかない時は交代しよう

施設は「チームで利用者を守る場所」です。うまくいかない時はどんどん交代して、次の一手を打てばいいのです。自分の持ち場にこだわらず、「助けてほしい」「ちょっと変わろうか？」というメッセージを出し合い、チームで最善を尽くすことを考えましょう。

施設全体で情報を共有しよう

認知症の人の情報共有は介護者や医療職だけではなく、施設全体で行いましょう。帰ろうとした利用者に、受付のスタッフが声をかけるといった場面も想定できます。介護者以外のスタッフにも認知症の人とのコミュニケーションの取り方を共有し、互いにフォローし合える体制を整えるとよいでしょう。

よりよいケアを提供するために 2

介護者同士でロールプレーイングしよう

日ごろ行っている認知症でない人とのコミュニケーションと、認知症の人とのコミュニケーションは大きく異なるものです。自然に行動に移せるようになるには時間がかかるかもしれません。そのためには朝の5～10分など短い時間を使った介護者同士のロールプレーイングで練習し、慣れることが重要です。苦手意識がある人は、まずは目線を合わせる練習から始め、1つずつ優先順位をつけて実践してみましょう。

手を振ったあとに「おはようございます」

表情はしっかり出せている？

頭を下げたあとに「ありがとうございます」

認知症をもっと知って「ケア」に生かそう ③

介護現場の認知症ケアの悩み
川畑先生と一緒に考えます！

介護現場では、認知症の人への対応に迷ったり、悩んだりする場面が少なくありません。特に多く聞かれるお悩みについて、認知症の人から見た理由と対応のポイントを川畑先生に聞きました。

監修 川畑 智

お悩み1　入浴を嫌がる

利用者を入浴に誘うと「家で入っているから」「面倒だから」「恥ずかしいから」などという理由で断られてしまいます。脱衣所まで行っても、服を脱いでもらおうとすると途端に暴れる利用者もいて、対応に困っています。

こんな **理由** が考えられます

理由1　「選択肢」がほしい

認知症の人は、自分の気持ちや感情を言葉でうまく表現できないため、「嫌がる」という形で意思表示をすることがあります。介護者は、「拒否」という言葉をよく使いますが、本来は、「入浴は夕方にしたい」「昨日入ったから今日は入らなくていい。明日にする」などという、利用者の「意思」ではないでしょうか。介護者からは「今すぐ入浴」の一択しか提示されない場合が多くあります。「夕方に入浴」「足浴」「清拭」など複数の「選択肢」があれば、そのなかに利用者の「意思」に沿うものがあるかもしれません。「選択肢」があり、自分の「意思」が尊重されていると感じられれば、「拒否」は減ると思います。

こんな対応を　足湯や清拭など、ほかの選択肢を提案する

足湯や手湯、清拭、ドライシャンプーなど、入浴に代わるケアの選択肢を提案しましょう。徐々に選択肢を増やしながら、「この人となら安心して入れる」と思ってもらえる関係性をつくります。

72

読者の認知症ケアの悩み 川畑先生と一緒に考えます！

理由2 1人で入浴するのが不安

認知症になると、1人で入浴の様々な手順をこなすのが難しくなります。特に、**「入浴は1人でするもの」と思っている人にとっては、プレッシャーを強く感じる場面です。**その人がどんなことに不安を感じているのかをよく観察して探り、必要に応じてサポートすることが大切です。

利用者には こんな不安があります

入浴の手順・操作が不安

シャンプーとボディソープを見分けたりシャワーの操作をしたりなど、**入浴には複雑な手順や操作が待ち構えています。**認知症の人は、生活のなかで間違うことが増え、失敗することに大きな不安を抱えています。ソワソワ、イライラ、うろうろ、キョロキョロするなどの不安のサインを見逃さないようにしましょう。

「髪を洗うのは私がお手伝いするので大丈夫ですよ」

こんな対応を｜積極的に声をかけて手助けをする

「私と一緒に入りましょう」「私がお手伝いするので大丈夫ですよ」などと声をかけて、いつでも助けてくれる人がいる、という安心感を持ってもらいましょう。その際、ジェスチャーを交えるとより伝わりやすくなります。

「服を着る時は、私がお手伝いします。安心して入ってきてください」
「こちらが前ですね」

うまく着替えられるか不安

服を脱ぐことはできても、服を着ることが苦手な人もいます。**服の前後ろがわからない、どこの穴に頭や腕を入れればいいかわからないといった不安**から、入浴を嫌がる場合があります。

こんな対応を｜入浴後の様子に気を配る

いつも服を自分で着ている人でも、日によってできなくなることがあるので、入浴後の様子に注意しましょう。不安な様子が見られたら「お手伝いしましょうか?」と声をかけます。

お悩み 2　食事を摂りたがらない

食事が進まない利用者がいます。空腹のはずなのに食事に手をつけてくれず、どうしたら食べてくれるのか、対応に困っています。

こんな**理由**が考えられます

理由1

食べ方がわからない

スプーンやお箸をどう使うか、どう食べればいいかなど、食べ方自体がわからなくて食べられないケースがあります。**失行や失認によって、目の前の食べ物を、どうやって食べればいいかわからない状態です。**

こんな対応を：介護者が実演して見せる

介護者がお箸やスプーンの使い方を見せたり、実際に食べて見せたりすることで、食べ方を思い出すことがあります。

理由2

食事代が不安

食事代を持っていない、誰が払うのかわからないという不安から、食べられない人もいます。**目の前の食事を自分が食べていいのかわからず、混乱しているケースです。**

こんな対応を：食事代はいらないことを伝える

「たけしさんからいただいている」などと家族の名前を入れて本人にわかるように声かけすることで、利用者は安心して食事をすることができます。

読者の認知症ケアの悩み 川畑先生と一緒に考えます！

理由 3

異物が入っていると思っている

ふりかけやゴマなどの粒々が、虫や砂などの異物に見える人がいます。レビー小体型認知症の人によく見られる**幻視や錯覚**が起こっていたり、視力が低下していたりして、食事の見た目が原因で食べられない場合があります。

こんな対応を　食事の見た目を変える

異物が見える場合は、その部分を除いて出し直しましょう。また、白い器に白米を盛ると、ご飯が見えないことがあるので、色のついた茶碗に替えるなどして見やすくしてみましょう。

お悩み 3

食べたことを忘れてしまう

食べたことを忘れてしまい、何度も「ごはんはまだ？」「食べていない」と訴えたり、ほかの人の食事まで食べようとしたりする利用者がいます。どうすればいいでしょうか？

こんな理由が考えられます

理由

食べた喜びが記憶に残らなかった

食べたことを忘れたり、たくさん食べ過ぎたりするのは、記憶障害によって食べたことを覚えていられないからです。食べているにもかかわらず「食べていない」と思うのは、**食べた喜びが記憶に残らなかった**からかもしれません。孤食の時、考え事をしている時、うるさい時、薄暗い時、においが気になる時などは、**食事に集中できず、心が満足できていなかった**可能性があります。

こんな対応を　会話をすることで心を満たす

「何の料理が好きですか？」「お腹いっぱい食べたいものは何ですか？」などと声をかけたり、話をしたりすることで、食事の喜びを会話から得ることができ、落ち着くケースがあります。

お悩み 4 頻繁にトイレに行きたがる

トイレに行ったことを忘れてしまうのか、5分おきにトイレに行きたがる利用者がいます。トイレに行ってもほんの少ししか出ず、対応に困っています。

こんな **理由** が考えられます

理由1

疾患による排尿トラブル

1日に何度もトイレに行きたがる理由の1つとして、過活動膀胱や尿路感染症などの**疾患が原因の場合が考えられます**。これらは治療が必要になるので、医療職に相談しましょう。

理由2

失敗への不安が強い

失敗したくない、迷惑をかけたくないという思いから、**備えのために何度もトイレに行く場合があります**。「さっき行きましたよ」と伝えても不安はおさまりません。利用者がトイレに行くことで安心するのであれば、何度行っても構わないと思います。無理してトイレの回数を減らそうとする必要はありません。

こんな対応を　利用者の不安に寄り添う

さっきトイレに行ったばかりだとしても記憶障害によってそのことを忘れて、不安だけが残っている状態です。「何か心配なことはありますか?」などと不安を受け止めて、安心できる方法を考えましょう。

読者の認知症ケアの悩み 川畑先生と一緒に考えます!

お悩み 5 排泄の失敗が多い

排泄の仕方がわからなくなっているのか、ズボンを下ろさずに排泄したり、まだ途中なのに立とうとしたりして、衣服を汚してしまう利用者がいます。介助しようとしても嫌がられてしまうため、どう対応すればいいでしょうか?

失敗しちゃったよ……

大丈夫ですよ。あちらで着替えましょう

理由 こんな理由が考えられます

トイレ動作がわからない

認知症の人は、記憶障害や実行機能障害によって**トイレを認識できなかったり、排泄の動作がわからなくなっていたりする**場合があります。排泄は人の尊厳にかかわるデリケートな行為なので、介助をする際は自尊心を傷つけたり、羞恥心を感じさせたりしないような配慮が必要になります。

お医者さんから「おしっこの量を確認してください」と言われたので、一緒に入らせてください

ズボンを下ろしますね

こんな対応を できない部分をさりげなく介助する

「お医者さんからおしっこの量を確認してほしいと言われたから」などの名目でトイレに一緒に入り、できない部分をさりげなく介助します。ズボンを下ろす時は、利用者の腰に手をかけ、「ズボンを下ろしますね」と声をかけます。その後、利用者が理解するのを待って(一呼吸置いて)から行います。声をかけずに下ろしたり、ズボンを下ろしながら声をかけたりすると、「いきなり脱がされた」と不信感につながるため、必ず声をかけてから行います。

お悩み 6

急に怒り出す

介助をしようと声をかけたところ、今まで穏やかだった利用者が急に怒り出し、介護者に対して物を投げつけたり、たたいたりすることがあります。なぜ突然怒り出すか、わかりません。怒りをおさめるために何ができるでしょうか？

こんな**理由**が考えられます

理由1

認知症の人は、自分の気持ちや感情を言葉で表現することが難しいため、**不安や混乱を怒りで表すこと**があります。介護者には「急に怒った」ように見えても、そこには必ず理由があります。例えば次のような理由が考えられます。

思っていた結果ではなかった

「声をかけたのに、ないがしろにされた」「すぐ来てくれると思ったのに待たされた」など、自分の期待に応えてもらえなかった場合にイライラします。

理由2

声かけのタイミングがズレていた

「ありがとう」「ごめんなさい」などの言葉や挨拶が、自分の思っていたタイミングで得られなかった時や、やろうと思っていたことを「ダメ！」などの言葉で制止された場合などにイライラします。

理由3

急に話しかけられてびっくりした

自分の視界に入らないうちに急に話しかけられた、あるいは、いきなり肩をたたかれて驚いて怒り出したのかもしれません。

■ 読者の認知症ケアの悩み 川畑先生と一緒に考えます！

理由4
コミュニケーションが足りず不安が大きい

施設で声をかけてくれる介護者や、話ができる利用者がいないことで、不安を感じていることが考えられます。コミュニケーションが不足するとお互いに相手を理解できず、ちょっとした行き違いが利用者の怒りに発展することもあります。

不安が大きくなると……

怒りで暴言を発する以外に、たたく、つねる、ひっかく、噛むといった行為が出たら、不安が大きくなっているサイン。自分を守るための防衛本能が働いています。怒りが強ければ強いほど不安が大きく、本人の意に沿った介助や対応ができていない可能性があります。

たたく → つねる → ひっかく → 噛む

不安の強さ

本人にとっては"急に"ではない

人はわけもなく突然怒り出すことはなく、引き金となった原因が必ずあります。何に対して怒っているのか、理由を考えることが対応のヒントになります。認知症の人のなかでも特に前頭側頭葉変性症の人は、**感情を抑制する脳の機能が低下していることが多く、ささいなことで怒ることがあります**。怒りで興奮している時は言葉で説明しても伝わらないため、**まずは介護者が、攻撃するつもりはないことを示すことが大切**。介護者が怒ったり、困ったりした表情をすると、嫌な印象を与え、さらに怒りが増大することも。利用者がなぜ怒ったのか、p.78〜79の4つの理由のどれが当てはまるかを振り返り、利用者の思いを聞いて気持ちに寄り添うことも大切です。

○○さん、佐藤です。どうされましたか？

こんな対応を　穏やかにほほえみながら話しかける

話しかける時は、視界の正面に入ってほほえみながら伝えるようにしましょう。言葉より先に、表情で攻撃するつもりはないことを伝え、安心してもらいます。

お悩み7　「帰りたい」と言い続ける

夕方になると「子どもが帰ってくる」「夕食を作らないと」と言い、帰りたがる利用者がいます。「○時になったら車でお送りする」ことを伝えても何度も帰りたいと訴え、玄関から出ようとするので対応に困っています。

こんな **理由** が考えられます

理由

ずっと不安な状態

早く家に帰りたいのに帰れない不安から、何度も同じことを言い続ける場合があります。記憶障害によって、「○時になったら車でお送りしますね」という、**数分前にしたやりとりを忘れてしまって、不安だけが残り続けている状態**です。

こんな対応を　しっかりと話を受け止め、安心してもらう

うなずく、相槌を打つ、オウム返しをする、話を要約するといった返答で安心感を持ってもらいます。さらに、ほめるなど利用者を認める声かけをすると心が満たされ、話したことがよい記憶として残りやすくなります。

読者の認知症ケアの悩み　川畑先生と一緒に考えます！

お悩み8　ひとり歩き（徘徊）をする

歩行が不安定で、転倒の可能性があるにもかかわらず、落ち着きなく施設内を歩き回る利用者がいます。「座っていてください」と声かけしても、ふらふらになるまで歩き続けるので、どう対応すればいいかわかりません。

○○さん、もう1時間も歩いている……

こんな**理由**が考えられます

理由1　トイレを探している

施設内を歩き続けている場合は、トイレを探している可能性があります。トイレに行くために廊下を歩いているものの、**記憶障害や見当識障害によってトイレの場所がわからず、歩き続けている**と考えられます。

こんな対応を　一緒にトイレまで行く

施設内を不安そうに歩いている人がいたら、「トイレを探しているのですか?」と声をかけてみます。そうであれば、「一緒に行きますね」と付き添うことで安心につながります。

理由2　不安を感じている

不安を感じた時や居心地が悪い時に、**安心できる場所に行こう、落ち着こうという気持ちから歩き続けている**場合があります。「歩かないでください」「座ってください」と利用者の行動を抑えようとしても、**本人の不安が続く限りひとり歩きがおさまることはありません。**

一緒に散歩に行きませんか?

こんな対応を　声をかけて気持ちに寄り添う

「どこに行かれますか?」「一緒に行きましょうか?」などと声をかけ、気持ちに寄り添うことで利用者の不安を軽減しましょう。ただ、認知症の症状によっては体の軸が傾いた状態で歩く人がいます。その場合は転倒リスクが高いため、注意する必要があります。

お悩み 9

昼夜逆転している

夜に眠らず、居室から出て活発に行動し、一方日中は眠っていることが多い「昼夜逆転」している利用者がいます。夜に眠らないと日中はぐったりとして昼寝をする時間が長くなるので、ますます夜に眠れません。どう対応すべきでしょうか？

こんな 理由 が考えられます

認知症の人は不安や混乱を抱え、頭の中で「失敗しないように」「忘れないように」と常に考えていることがあり、非認知症の人に比べて疲れやすいのが特徴です。そのため、日中眠くなり昼夜逆転しやすい傾向にあります。それに加えて、夜間眠れる環境になっていないことが考えられます。

理由1

体温差ができていない

起きている時間の体温に対して、就寝時に体温が2℃程度下がることがスムーズな入眠につながるといわれています。**活動が不足すると体温が上がらないため、就寝時に十分な体温差ができず入眠しにくくなってしまうのです。**寝る前に体を温めると、自然と眠りにつきやすくなります。

こんな対応を　軽い運動や、温かい飲み物、居室の温度管理で体温差をつくる

就寝1.5～2時間前までに、入眠のための軽い運動をしたり、温かい飲み物を摂ったりして体温を上げると、就寝時には体温が下がって眠りにつきやすくなります。また、夏場は就寝時間の30分ほど前から室温を1～1.5℃程度下げておくとよいでしょう。昼寝は2時間程度までは問題ないとされていますが、それ以上になると昼夜逆転のリスクが出てくるので注意しましょう。

理由2

部屋が明る過ぎる

就寝前に強い光を浴びると、眠気を阻害します。そのため、夜はできるだけ部屋の明かりを暗くします。

こんな対応を　部屋の明るさを調整する

夜間トイレに起きることも想定して、部屋を真っ暗にするのではなく、小さな照明や足元灯に替えるなどして調整しましょう。月明かり程度の明るさがベストです。

82

読者の認知症ケアの悩み 川畑先生と一緒に考えます！

お悩み 10 幻覚がある

○○さんは、「窓の向こうに人がいる」と言ってひどく怖がったり、鏡に映った自分の姿に怒鳴ったりすることがあります。また、「部屋に男の人がいて、私の悪口を言っている」と怒ることもあります。いずれも、介護者やほかの利用者には見えたり聞こえたりしないため、対応に困っています。

こんな 理由 が考えられます

理由1 窓や鏡に映った自分の姿を他人だと思っている

認知症になると目で見たものを正しく認識できなくなり、**鏡に映った自分の姿を他人と思う「鏡徴候（鏡現象）」が起こることがあります。**鏡徴候は幻覚が起こりやすいレビー小体型認知症の人にはしばしばみられますが、アルツハイマー型認知症の人も症状が進行するとみられることがあります。

こんな対応を　窓や鏡を覆って姿が映らないようにする

窓ガラスならカーテンをかけ、鏡には布をかけるなどして利用者の姿が映らないようにします。特に部屋が暗い時に起こりやすいので、暗くなる前にカーテンを閉めるなどの対応をしましょう。

理由2 レビー小体型認知症による幻視・幻聴

レビー小体型認知症の人は、「部屋に子どもがいる」などの幻視や、「扉の向こうからひそひそ声が聞こえる」といった幻聴を訴えることがあります。**いずれも病気の症状だということを理解し、適切に対応することが大切です。**

こんな対応を　否定せずに認める

本人にとってはありありと見え、聞こえているので決して否定はせず、「○○さんには見えているんですね」「私は気づかなかったですが、○○さんには聞こえるんですね」と認めることが大切です。周囲の人にも「私たちには見えませんが、○○さんには見えているんですね」と事実をありのまま伝えていいと思います。タオルや電気コードが別のものに見えている場合は、近づいて触ってもらうといいでしょう。

■コピーしてお使いください
解答は93ページ

同じものさがし

見本と同じ絵を❶〜❹の中からさがして、○で囲んでください。

年　　月　　日　　名前

◆ みんなで楽しめる脳トレ　　■コピーしてお使いください
解答は93ページ

くだものさがし

下の絵のくだものの名前を、並んでいる文字からさがして、見本のように囲んでください。

ぶ	ど	う	さ	し
え	あ	い	ち	ご
み	か	ん	へ	う
い	ば	な	な	と
く	て	り	ん	ご

見本

ぶどう

ばなな

いちご

りんご

みかん

年　月　日　名前

みんなで楽しめる脳トレ

■コピーしてお使いください
解答は93ページ

ちがうものさがし

❶〜❹の絵の中に、1つだけちがうものが入っています。ちがうものを見つけて○で囲んでください。

❶

❷
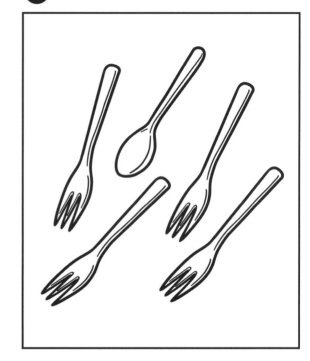

❸
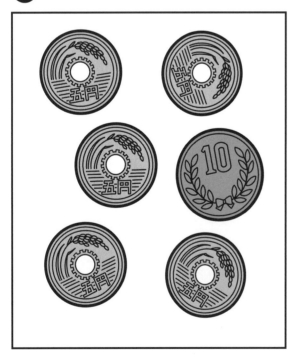

❹
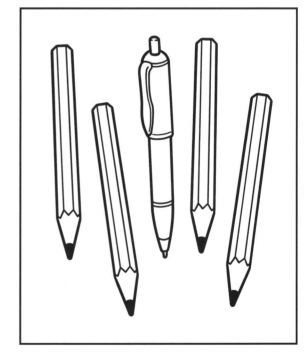

年　　月　　日　　名前

歌詞を作ろう

■コピーしてお使いください
解答は93ページ

童謡「紅葉」は日本の秋を美しく表現していますね。リストの中から言葉を選び、空欄を埋めて歌詞を完成させ、一緒に歌いましょう。

紅葉（もみじ）　作詞／高野辰之　作曲／岡野貞一

秋の夕日に照る山　□
濃いも薄いも数ある中に　□　□
松をいろどる　□　や蔦は
山の　□　□　□　の裾模様

リスト
かえで　ふもと　もみじ

同じものつなぎ

左の列と右の列に並んでいる同じものを見つけて、線でつなぎましょう。

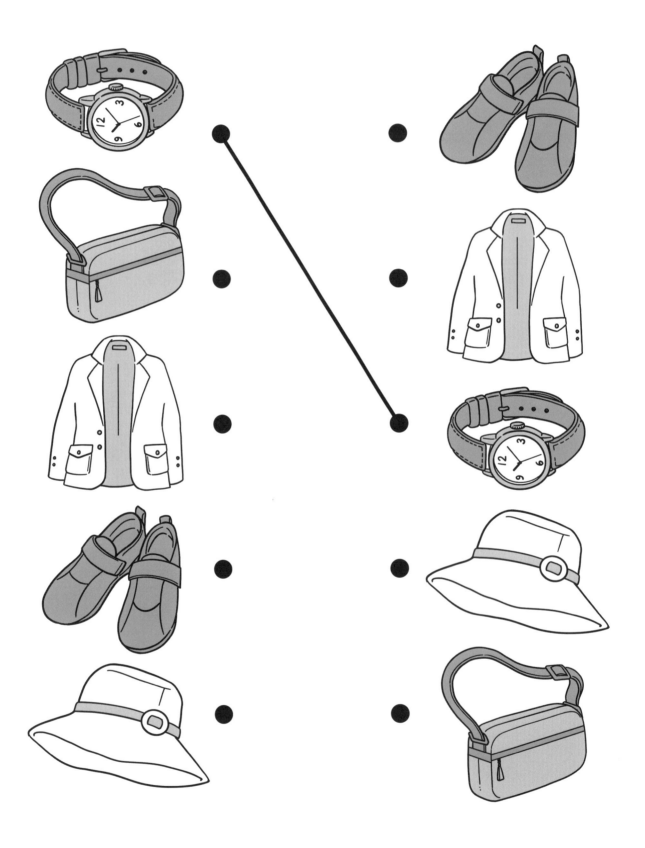

年　　月　　日　　名前

みんなで楽しめる脳トレ

■コピーしてお使いください
解答は94ページ

ことわざを作ろう

生き物を使ったことわざは普段の会話でもよく使われていますね。リストから
生き物を選んでことわざを完成させましょう。

リスト

犬（いぬ）　馬（うま）　猿（さる）　猫（ねこ）　鯉（こい）

❶ （　）も歩けば棒に当たる

❷ （　）の滝登り

❸ （　）に小判

❹ （　）の耳に念仏

❺ （　）も木から落ちる

年　　月　　日　名前

まちがいさがし －秋の味覚 編－

■コピーしてお使いください
解答は 94 ページ

秋はおいしいものがいっぱいですね。下の絵は上の絵とちがうところが全部で3つあります。見つけたら○で囲んでください。

年　　月　　日　　名前

みんなで楽しめる脳トレ
まちがいさがし －芋掘り編－

■コピーしてお使いください
解答は94ページ

芋掘りは大人も子どもも泥だらけになって楽しかったですね。下の絵は上の絵とちがうところが全部で3つあります。見つけたら○で囲んでください。

年　月　日　　名前

みんなで楽しめる脳トレ
まちがいさがし －雪遊び 編－

■コピーしてお使いください
解答は94ページ

雪が降ると子どもたちは大喜びで校庭を駆けまわります。下の絵は上の絵とちがうところが全部で4つあります。見つけたら○で囲んでください。

年　　月　　日　　名前

みんなで楽しめる脳トレ 解答

星の数でパズルの難易度を表しています。
難易度…★ ………… やさしい
難易度…★★ ……… ふつう
難易度…★★★ …… むずかしい

同じものさがし (p.84)

難易度…★★

ちがうものさがし (p.86)

くだものさがし (p.85)

難易度…★★

難易度…★★

同じものつなぎ (p.88)

歌詞を作ろう (p.87)

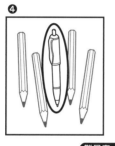

秋の夕日に照る山 もみじ
濃いも薄いも数ある中に
松をいろどる かえで や蔦は
山の ふもと の裾模様

難易度…★★

難易度…★★

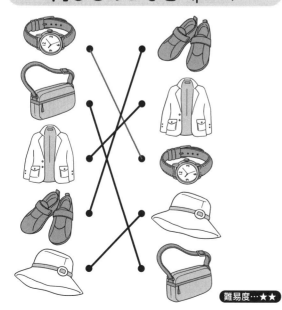

まちがいさがし
― 秋の味覚 編 ―（p.90）

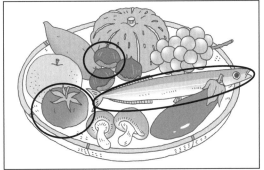

難易度…★★

ことわざを作ろう（p.89）

❶（犬）も歩けば棒に当たる

❷（鯉）の滝登り

❸（猫）に小判

❹（馬）の耳に念仏

❺（猿）も木から落ちる

難易度…★★★

まちがいさがし
― 雪遊び 編 ―（p.92）

難易度…★★★

まちがいさがし
― 芋掘り 編 ―（p.91）

難易度…★★

すぐに作れる コピー用型紙集

型紙 p.000 このコピー型紙のマークがついている制作物の型紙です。コピーしてご利用ください。

100%コピーが作品実寸です。

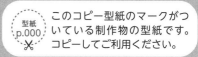
p.6 春：いちご摘み

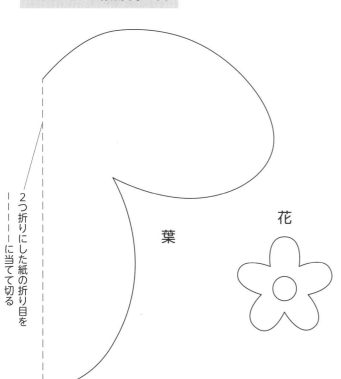

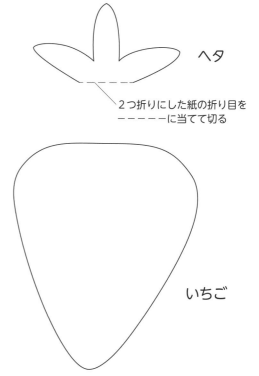

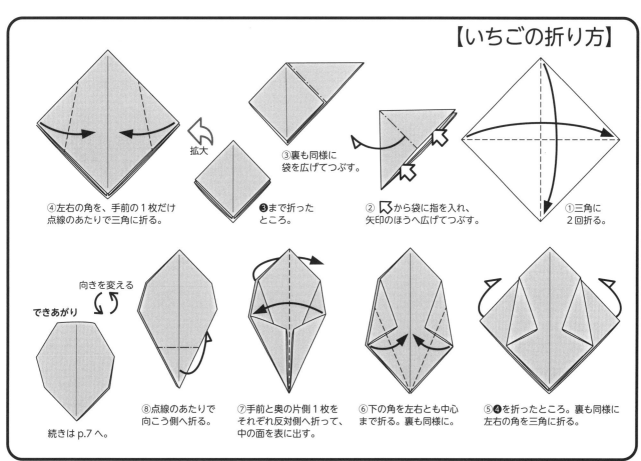

------ 谷折り　　谷折り矢印　—・—・— 山折り　　山折り矢印

子どもたちのぬり絵は、好きな大きさにコピーしてお使いください。　　p.6　春：いちご摘み（つづき）

子どもたちの
ぬり絵

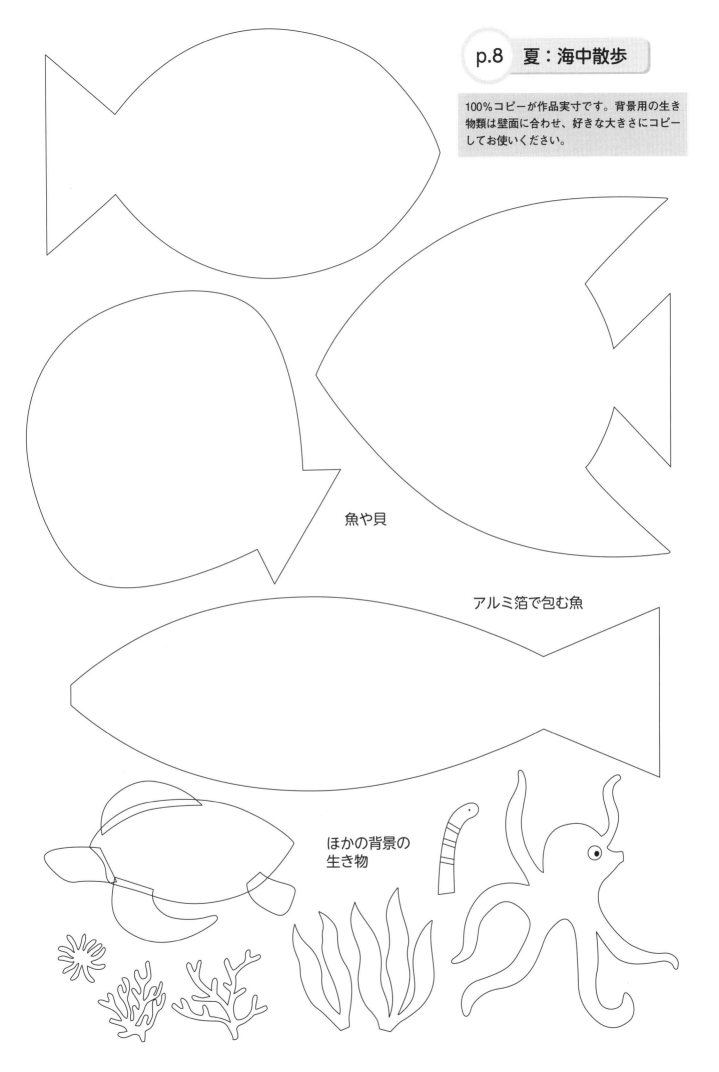

p.8 夏：海中散歩

100％コピーが作品実寸です。背景用の生き物類は壁面に合わせ、好きな大きさにコピーしてお使いください。

魚や貝

アルミ箔で包む魚

ほかの背景の生き物

p.8 夏：海中散歩（つづき）

子どもたちのぬり絵は、好きな大きさにコピーしてお使いください。

子どもたちの
ぬり絵

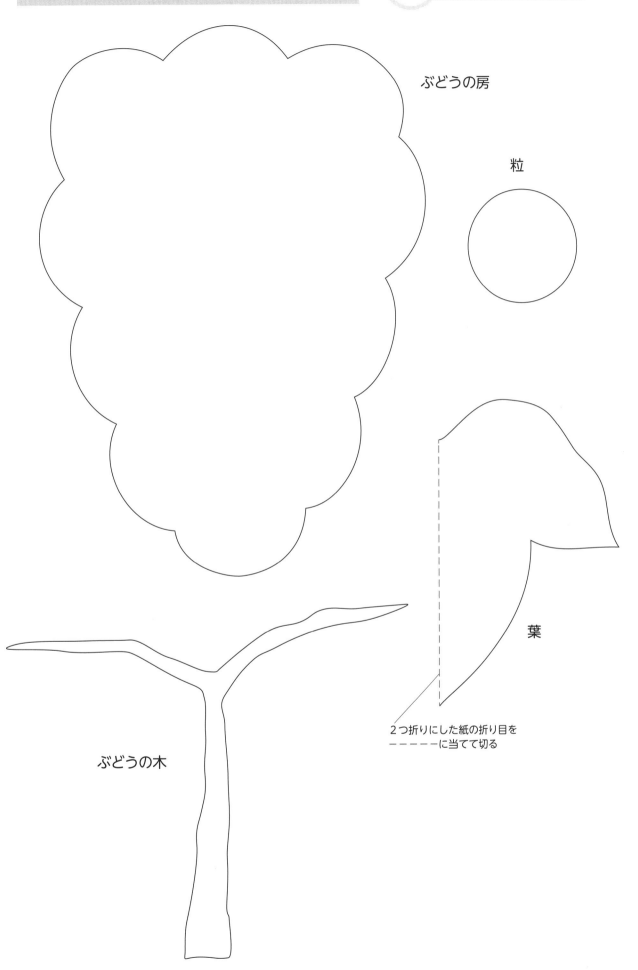

子どもたちのぬり絵は、好きな大きさにコピーしてお使いください。　p.10　秋：ぶどう狩り（つづき）

子どもたちの
ぬり絵

100%コピーが作品実寸です。木や家などの背景は、
好きな大きさにコピーしてお使いください。

p.12 冬：雪だるま作り

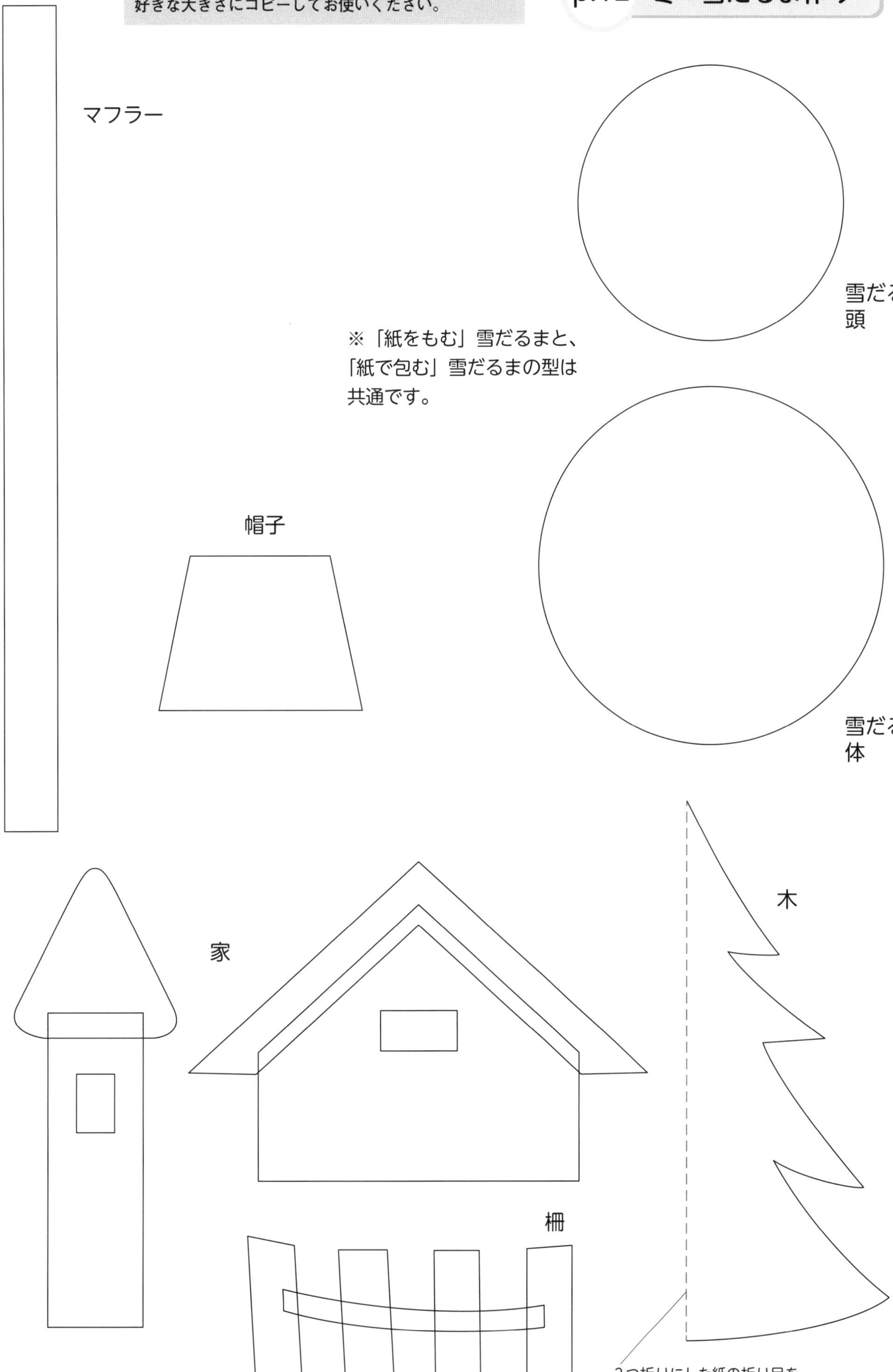

マフラー

雪だるまの
頭

※「紙をもむ」雪だるまと、
「紙で包む」雪だるまの型は
共通です。

帽子

雪だるまの
体

木

家

柵

2つ折りにした紙の折り目を
－－－－－に当てて切る

101

p.12 冬：雪だるま作り（つづき）

子どもたちのぬり絵は、好きな大きさにコピーしてお使いください。

子どもたちのぬり絵

102

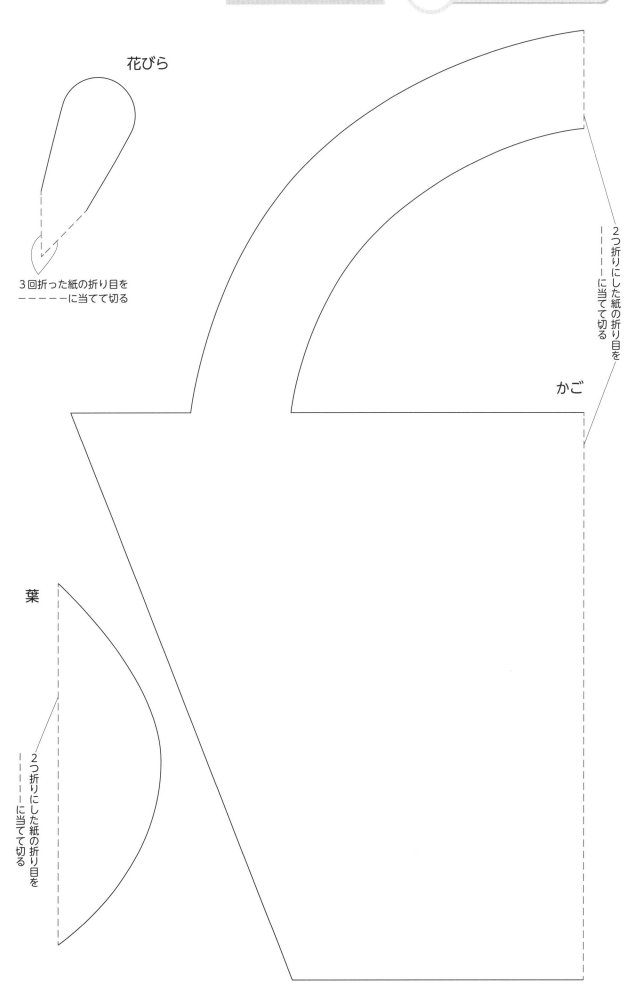

レクリエブックス
認知症をもっと知ってレクとケアに生かそう！
発行日 2025年3月20日 初版第1刷発行

発行者	竹間 勉	**イラスト**	しまだ・ひろみ(p.4-5、14-15、18-19)
発 行	株式会社世界文化ワンダーウェルネス		フジサワミカ(p.20-29)
発行・発売	株式会社世界文化社		中村知史(p.30-39)
	〒102-8194		長田 乾(p.40-55)
	東京都千代田区九段北4-2-29		尾代ゆうこ(p.57-71)
電 話	編集部 03-3262-3913		ささきともえ(p.72-83)
	販売部 03-3262-5115	**パズル制作**	星けい子
印刷・製本	TOPPANクロレ株式会社	**パズルイラスト**	黒木 梓(p.84-86、88)
			たむらかずみ(p.90-92)
表紙イラスト	丹下京子	**折り図**	大森裕美子(p.17、95)
表紙デザイン	村沢尚美(NAOMI DESIGN AGENCY)	**撮 影**	中島里小梨(世界文化ホールディングス)
本文デザイン	宮崎恭子(NAOMI DESIGN AGENCY)		
	可野佑佳	**編集協力**	唐木順子 後藤ゆい 鈴木キャシー裕子
			田鍋利恵 名取久美子 深井敦子 前田明子
制 作	本永京子(p.6-7、10-11)		
	阪本あやこ(p.8-9、12-13)	**校 正**	株式会社円水社
	おさだのび子(p.16-17)	**製 版**	株式会社明昌堂
ぬり絵イラスト	杉原知子(p.6-13)	**企画編集**	武林陽子

※本書は、介護レクリエーション情報誌「レクリエ」2023～2024特別号、
2022年1・2月掲載分より抜粋し、一部加筆・修正を行い再編集したものです。

©Wonder Wellness,2025.Printed in Japan
ISBN 978-4-418-25212-1

落丁・乱丁のある場合はお取り替えいたします。無断転載・複写（コピー、スキャン、デジタル等）を禁じます。パズル、ぬり絵、型紙は、個人または法人・団体が私的な
範囲内で使用できます。外部への提供や商用目的での使用、およびWEBサイトへの使用はできません。本書を代行業者などの第三者に依頼して複製する行為は、たとえ個
人や家庭内の利用であっても認められていません。